성령으로 살고
성령으로 행하라

성령으로 살고 성령으로 행하라

저자 앤드류 머레이
역자 정혜숙

초판 1쇄 발행 2019. 2. 20.
개정판 1쇄 발행 2021. 2. 16.
개정증보판 1쇄 발행 2025. 6. 11.

발행처 도서출판 브니엘
발행인 권혁선

책임교정 조은경
책임영업 기태훈
책임편집 브니엘 디자인실

등록번호 서울 제2006-50호
등록일자 2006. 9. 11.

서울특별시 송파구 백제고분로28길 25 B101호 (05590)
마케팅부 02)421-3436
편 집 부 02)421-3487
팩시밀리 02)421-3438

ISBN 979-11-93092-40-8 03230

독자의견 02)421-3487
이 메 일 editorkhs@empal.com

북카페주소 cafe.naver.com/penielpub.cafe
인스타그램 @peniel_books

도서출판 브니엘은 독자들의 원고를 설레는 마음으로 기다리고 있습니다.
위의 이메일로 간단한 기획 내용 및 원고, 연락처 등을 보내주십시오.

도서출판 브니엘은 갓구운 빵처럼 항상 신선한 책만을 고집합니다.

[성령으로 충만하여 하나님의 은혜를 누리는 삶]

성령으로 살고
성령으로 행하라

앤드류 머레이 지음 | 정혜숙 옮김

앤드류 머레이
베스트 컬렉션 6

The Best collection
of Andrew Murray

우리는 우리가 추구하는 성령님의 충만한 은혜와 역사를 예수님의 다음과 같은 가르침 안에 요약되어 있다는 사실을 발견하게 된다. "나를 믿는 자는 성경에 이름과 같이 그 배에서 생수의 강이 흘러나오리라"(요 7:38). 예수님 안에 있는 우리의 믿음이 연약하다고 느낄 때, 그리고 우리의 마음과 생명을 다해 하나님을 더욱 의지하게 될 때 우리는 거룩한 성령님의 능력과 현존하심을 받아들이게 된다.

하나님은 예수님으로부터 성령이 흘러넘칠 수 있도록 예수님과 함께하신다. 이는 예수님이 우리에게 필요한 모든 것이 되도록 하기 위함이며, 우리를 이끄는 성령님의 역사가 그리스도를 더욱더 메시아이심을 알게 하기 위함이다. 또한 예수님을 더 완전하게 신뢰할 수 있도록 하기 위함이다.

히브리서 기자는 우리 믿음의 대상으로서 하나님의 거룩한 영광과 능력 안에 있는 예수님에 대하여 말하고 있다. 성령님은 그리스도의 보혈로 말미암아 가장 거룩한 방식으로 계시되었다. 그리고 그리스도 안에 있는 믿음으로 말미암아 우리의 생명을 그곳으로 초대하고 계신다.

우리가 예수 그리스도를 알기 위해, 그리고 계시 될 말씀을 믿을 수 있도록 우리의 마음을 성령님께 내맡길 때, 그때야 비로소 성령님은 우리를 온전히 다스리실 수 있다. 성령님은 예수님을 계시하기 위해 오셨다. 그리고 예수님에 대해 받아들여진 충만한 계시는 성령님이 우리 안에 거하며 사역하시기 위한 공간을 제공한다. 이 약속은 온전히 성취될 것이다.

"나를 믿는 자는 성경에 이름과 같이 그 배에서 생수의 강이 흘러나오리라." 하나님이 우리의 대제사장이시며 하늘의 왕이신 예수 그리스도 안에 있는 이러한 단순하고 완전한 믿음으로 이끄시길 기도한다. 성령의 충만함 안에 있는 생명으로 인도하시기를 기도한다.

글쓴이 앤드류 머레이

이 책은 간단하지만 심오하고 깊이 있는 메시지를 주고 있다. 그중 하나는 교회 안에서 하나님의 성령으로 충만해지는 영적인 탁월함을 갈망하는 일이 필요하다는 것이다. 나는 사랑하는 여러분의 마음을 하나님의 말씀으로 이끌기 위해, 축복으로 이끌기 위해 몇 가지 중요한 요점을 특별히 강조하고자 한다.

첫째, 모든 자녀를 향한 하나님의 뜻은 우리가 끊임없이, 전적으로 성령님의 지배 아래 사는 것이다.

둘째, 그리스도인에게 있어 성령 충만함이 없이는, 심지어 교회 생활이나 하나님과의 교제, 나아가 예수님과 동행하는 삶이 불가능하다.

셋째, 지금 그리스도인의 삶에서 성령님의 역사는 거의 나타나지 않고 있으며, 또한 거의 열망하지 않고 있다.

넷째, 하나님은 우리에게 성령의 축복을 주시기 위해 기다리고 계신다. 우리는 믿음을 통해 큰 확신을 두고 그것을 기대할 수 있다.

다섯째, 우리가 이 세상에서 누리는 개인적인 생활은 예수 그리스도께서 다스리고 정복하라고 하신 그 땅을 방해하고 폭력으로 강탈하고 있다.

여섯째, 우리는 자신을 포기하고 예수님께로 나아갈 준비가 되기 전까지는 성령으로 충만해질 수 없다. 또한 아주 값비싼 보물을 위해 모든 것을 저버리고 희생할 준비가 되기 전까지는 성령을 좇아, 행할 수 없다. 이처럼 우리가 전능하신 하나님께서 우리에게 약속하신 은혜의 말씀, 즉 성령으로 충만하라는 말씀에 대하여 우리의 마음과 생각을 온전히 헌신하지 못한다면, 우리는 교회 내에 만연한 영적이지 못한 죄악에 노출된 것이다.

나는 성령의 축복이 진정으로 필요한 일이라는 사실을 확신시킬 방법을 다양한 측면에서 보여주기 위해 이 주제를 제시했다. 우리는 이러한 축복을 받아 누리기 위해선 우리가 소중하게 여기는 것들, 우리가 소유하고 있는 모든 것을 향해 "굿바이!"라고 말할 수 있어야 한다.

우리에게 성령의 실재와 사역에 대한 이해가 부족하므로 성령의 능력에 대한 필요와 충만함, 그리고 실재성에 대한 영적인 진리를 깨닫는 데 오랜 시간이 걸릴 수도 있다. 오순절 성령 강림의 시간은 우리의 일상과 우리의 교회에서 매일 일어나야 한다. 그리스도인은 오순절과 같은 축복 없이는 하나님의 뜻에 따라 살 수가 없다. 성령의 축복 없이 영적인 성장만 추구하는 것은 하나님의 은혜를 계속 받아 누릴 수 없게 만든다.

우리는 사도행전을 읽으면서 항상 기도 가운데 성령의 충만함과 하나님의 능력이 포함되어 있다는 사실을 발견하게 된다. 한 예로 안디옥에서 일어난 일을 살펴보자. 안디옥에 사는 그리스도인들이 금식하며 기도에 전념하고 있을 때 하나님은 바나바와 사울을 각각 따로 세우라는 계시를 내려주셨다. 그들은 단 한 차례밖에 금식하고 기도하지 않았지만, 성령님은 이런 확실한 응답을 위로부터 내려주셨다.

실제로 두 사람은 성령에 의해 명령을 받고 보내졌다. "주를 섬겨 금식할 때에 성령이 이르시되 내가 불러 시키는 일을 위하여 바나바와 사울을 따로 세우라 하시니 이에 금식하며 기도하고 두 사람에게 안수하여 보내니라"(행 13:2-3). 이를 통해 하나님의 사도들도 그들에게 필요한 축복이 반드시 위로부터 와야 한다는 사실을 깨닫게 되었다.

우리는 우리에게 간절히 필요한 영적인 축복을 얻기 위해 이 세상에서 요구하는 것들로부터 가능한 한 우리 자신을 멀리 떨어뜨려야 한다. 성령께서 우리 안에서 지배권을 행사하시는 것을 절대로 두려워하지 말고 계속 간구해야 한다. 더욱이 하나님의 진리의 장소인 교회가 다시금 세상으로부터 존경받게 되도록 기도해야 한다. 그리고 모든 만물 안에서 예수 그리스도의 영광이 드러나도록 기도해야 한다. 하나님의 응답은 말씀에 따라 부지런히 찾고 성실하게 기도하는 영혼들을 위해 확실히 다가올 것이다.

마음을 깨끗하게 하고 마음을 탐구하게 하는 것은 오직 신실한 기도밖에 없다. 이것은 우리에게 다음과 같은 질문에 대해 답할 수 있도록 가르쳐준다.

"나는 내가 하는 기도를 진정으로 열망하고 있는가?"

"나는 하나님이 내게 주려고 준비하신 것들을 받기 위해 모든 것을 버릴 의지가 있는가?"

"나의 입술의 모든 기도가 나의 삶을 위한 기도로 진실하게 드려지고 있는가?"

"나는 하나님께서 초자연적인 은사, 즉 하나님 자신이신 성령을 내게 주실 때까지 잠잠히 신뢰하면서 그분을 기다리고 있는가?"

우리는 대제사장이자 교회의 대표자이신 하나님 앞에 간구함과 강한 울부짖음으로 나아가야 한다. 우리의 부르짖음을 들으시는 하나님을 의지해야 한다. 우리는 하나님이 믿는 자들에게 가끔 자신의 모습을 숨기신다는 사실을 잘 알고 있다. 하나님은 우리가 그분을 신뢰하기를 열망하고 계신다. 하나님은 자주 우리가 알지 못하는 상황 속에서도 항상 우리의 곁에 가까이와 계신다. 하나님은 기도 응답의 지체를 통해 우리가 그분을 기다리게도 하신다. 그러나 하나님은 확실히 오실 것이고, 응답하실 것이다.

"이 묵시는 정한 때가 있나니 그 종말이 속히 이르겠고 결코 거짓되지 아니하리라. 비록 더딜지라도 기다리라. 지체되지 않고 반드시 응하리라"(합 2:3).

C·O·N·T·E·N·T·S
차 례

01

우리는 성령 없이는
살 수 없다

The Believer's Secret of Holiness _ Part 1

너희가 악할지라도 좋은 것을 자식에게 줄 줄 알거든 하물며 너희
하늘 아버지께서 구하는 자에게 성령을 주시지 않겠느냐 하시니라.
누가복음 11:13.

종교 개혁자 마틴 루터는 기도를 주제로 묵상하다가, 우리는 지금
성령의 시대를 살고 있다는 간단하지 않은 생각에 사로잡혔다고 말
한다. 루터의 말을 들어보자. "지금처럼 성령이 역사하실 때는 우리
가 어떤 식으로 하나님을 섬기더라도 그분의 능력을 힘입지 않으면
그다지 의미가 없다. 이런 생각을 하다가 '하물며 너희 하늘 아버지
께서 구하는 자에게 성령을 주시지 않겠느냐'라는 소중하고 무궁무
진한 말씀을 제대로 깨닫게 되었다."

그의 말에서 이런 교훈을 얻을 수 있다. 우리는 누구든지 하루하

루의 필요를 채우고 삶을 가꾸어 나가려면 하나님에게서 성령을 늘 새롭게 전달받아야 한다. 성령이 함께하시지 않으면 하나님을 기쁘시게 하거나 이웃에게 진정한 도움을 베풀 수 없다. 그리고 이 교훈 덕분에 기도에 의지해서 하나님의 뜻을 성취하려면 무엇보다 고귀한 능력의 원천인 성령을 기도의 근원으로 삼는 게 중요하다.

물은 근원보다 더 높은 곳으로 흐를 수 없다. 그래서 성령님이 우리 인간을 통로나 수로로 삼아서 기도하시게 되면, 우리의 기도는 그것의 근원이 되시는 하나님께로 올라가서 우리와 다른 이들 내부에서 역사하시는 하나님의 응답을 받게 된다. 마틴 루터는 또한 이렇게 말한다. "우리 한 사람 한 사람이 그리스도인답게 사는 것은 기도의 양이 아니라 주로 질에 달려 있다는 것을 한층 더 신뢰하게 된다."

우리가 생각하고, 깊이 묵상하고, 그리고 간절히 기도할 때 이런 교훈이 얼마나 큰 도움이 되는지! 기도 시간을 가질 때는 하늘에 계신 아버지께 오늘을 살아가는 데 필요한 성령을 달라고 간구해야 한다. 하나님 아버지 역시 우리가 그렇게 간구하기를 원하고 계신다.

성령의 인도하심을 받는
성령의 열매들

우리는 기도에 관한 교훈 가운데 두 가지를 일차적으로 확인했다. 첫째, 우리는 매일 아침 하나님께 성령을 새롭게 허락해 달라고 기도해야 한다. 둘째, 성령께 우리를 가르치고 도와달라고 기도해야 한다. 이제 세 번째 교훈은 갈라디아서 5장의 말씀을 암송하는 것이다.

"오직 성령의 열매는 사랑과 희락과 화평과 오래 참음과 자비와 양선과 충성과 온유와 절제니 이 같은 것을 금지할 법이 없느니라"(갈 5:22-23).

그리스도인은 그저 하나님께 간구하고, 그러면 하나님이 즉각적으로 응답하신다고 생각할 때가 잦다. 하지만 언제나 그런 것은 아니다. 오히려 성령께서 우리의 영적 생활에 힘을 북돋아서 기도를 제대로 할 수 있게 해주신다.

우리는 성령께 가르쳐 달라고 간구할 때마다 그분이 신실한 영향력을 발휘할 수 있도록 마음을 열어야 한다. 그럴 때 우리는 감동받고, 성령이 역사하시는 순간 제일 먼저 우리 자신을 내려놓게 된다. 이렇게 내려놓는 것은 그분 앞에서 성령의 열매들을 부르면서 그것들로 충만하게 해달라고 간절히 기도하는 것이다. 그래서 성경 구절을 암송하면 성령의 가르침을 구하는 기도처럼 이렇게 기도하는 법을 익힐 수 있다. "여기에 내 마음이 있습니다. 성령의 열매로 채워주소서."

처음 세 가지 성령의 열매는 사랑과 희락과 화평이다. 이 세 가지 열매는 강력한 신앙생활을 가리키는 세 가지 특징이다. 사랑의 대상은 하나님 아버지와 예수 그리스도, 그리고 함께 신앙생활을 하는 형제자매와 모든 사람을 가리킨다. 희락은 우리의 모든 필요가 완벽하게 성취되었고 우리가 반드시 해야 할 일을 모두 처리할 수 있는 용기와 신앙을 눈으로 확인할 수 있는 증거가 된다. 하나님이 주시는 화평은 우리의 생각과 마음이 헤아릴 수 없을 만큼 안정되고 평안하게 복된 상태를 유지시켜 준다.

예수님은 제자들에게 마지막 말씀을 하시면서 이 세 가지 문장 앞에 "나의"라는 표현을 덧붙이셨다.

"내 사랑 안에 거하라."

"내 기쁨이 너희 안에 있어."

"나의 평안을 너희에게 주노라."

성령님 덕분에 우리 안에 이 열매들이 완벽하게 열매 맺기를 갈망하게 되었으니, 그분께 간구해야 하지 않겠는가? 그러면 마침내 올바르게 기도하게 되고, 그리고 하늘에 계신 아버지께 언제나 더 많이 간구하게 될 것이다.

이제는 성령의 열매 가운데 나머지 네 가지인 오래 참음과 자비와 양선과 온유를 살펴보자. 이 네 가지 단어는 하나님의 속성을 가리킨다. 우리 안에 그것들이 열매를 맺기 위해서는 성령이 우리의 삶 속에서 역사하실 수 있도록 많은 기도가 필요하다. 하나님이 그것들을 사용하셔서 사람들을 인도하시는 방식을 살펴보면 다음과 같다.

- 오래 참음. 성경은 하나님이 죄인들을 놀라울 정도로 인내하신다고 증거한다. 베드로후서 3장 9절에 기록된 하나님의 말씀을 보라. "오직 주께서는 너희를 대하여 오래 참으사 아무도 멸망하지 아니하고 다 회개하기에 이르기를 원하시느니라." 성령은 하나님의 이런 속성을 우리 삶의 복된 특성으로 삼게 하셔서 우리 역시 모든 죄인과 그릇된 행동을 하는 사람들이 구원받을 수 있도록 거룩한 인내를 실천하게 하신다.

- 자비. 하나님의 인자하심을 노래하는 시편을 읽어 보면 얼마나 놀라운지 모른다. "이는 하늘이 땅에서 높음 같이 그를 경외하는 자에게 그의 인자하심이 크심이로다"(시 103:11). 하나님은 모든 죄악과 우리를 둘러싼 비참함을 다룰 때도 이와 같은 선하심과 인자하심으로 우리 안에서 역사하신다.

- 양선. 예수님은 이렇게 말씀하셨다. "하나님 한 분 외에는 선한 이가 없느니라"(막 10:18). 모든 선은 하나님에게서 오고 그분의 자녀들이 간구하고 바라는 만큼 주신다. 그리고 이 양선은 어려움에 부닥친 모든 사람을 동정하고 사랑하는 과정에서 온전히 드러난다.

- 온유. 시편 18편 35절 말씀을 읽어 보면 이렇다. "주의 온유함이 나를 크게 하셨나이다." 그런데 하나님의 온유함은 주로 하나님의 유일한 아들 안에서 드러난다. 예수님은 "나는 마음이 온유하고 겸손하니 나의 멍에를 메고 내게 배우라"(마 11:29)

고 가르치셨다. 사도 바울 역시 성도들에게 "그리스도의 온유
와 관용"을 배우라고 말했다. 성령은 부드러운 비둘기처럼 예
수님께 내려오셨다. 성령은 온유의 무르익은 열매를 모든 사
람에게 나누어주고 싶어 하신다.

하나님의 이 네 가지 속성이 죄인들 가운데서 역사하시는 하나
님의 특징이고, 성령님 덕분에 우리의 마음에서 무르익어 말과 행동
이 온유하고 겸손하신 예수님을 닮아갈 수 있다는 사실은 우리에게
대단히 큰 기쁨을 준다.

성령 안에서
온전히 걸어가라

하나님은 인간을 영원 전부터 영광을 드러낼 수 있는 거처로 삼고
싶어 하셨다. 우리의 범죄 때문에 이 계획은 겉으로 보기에는 틀어
진 것처럼 보인다. 하지만 하나님은 이스라엘 백성을 통해서 계획을
실행할 방법을 모색하셨다. 사람들 사이에 거처를 마련하려고 하셨
다. 처음에는 성막, 그다음에는 성전이었다. 이것은 인류를 구속하
시는 하나님의 진정한 거처, 즉 영원히 성전이 되어야 할 것의 그림
자와 형상에 불과했다. 우리는 성령 안에서 하나님이 거하실 처소로

만들어졌다.

"너희도 성령 안에서 하나님이 거하실 처소가 되기 위하여 그리
스도 예수 안에서 함께 지어져 가느니라"(엡 2:22).

성령께서 임재하신 이후로 하나님은 성령을 통해서 거룩해지고
새로워진 각 사람의 마음에 거처를 마련하셨다. 그리고 아무리 연약
한 성도라 하더라도 예외 없이 이런 음성을 듣게 하셨다. "아직도 너
희가 하나님의 성전인 것을 알지 못하느냐?" 이 진리를 깨닫거나 경
험하는 일이 얼마나 드문지 모른다. 그렇지만 이 말씀은 정말로 사
실이다. "하나님의 성전은 거룩하니 너희도 그러하니라."

사도 바울은 자신을 증언하면서 "그리스도께서 내 안에 거하고
계신다"고 말했다. 이것은 그가 신비의 영광이 가득한 상태, 즉 예수
그리스도께서 우리 안에 거하고 계신다고 증거하던 복음이 충만한
상태이다. 이것이 바로 하나님이 속사람 안에 있는 성령으로 능력을
더하시고, 믿음을 통해서 그리스도께서 마음에 거하실 수 있도록 바
울이 아주 간절히 기도한 내용이다.

그렇다. 이것이 바로 우리 주님께서 직접 약속하신 말씀이다.

"예수께서 대답하여 이르시되 사람이 나를 사랑하면 내 말을 지
키리니 내 아버지께서 그를 사랑하실 것이요. 우리가 그에게 가

서 거처를 그와 함께하리라"(요 14:23).

그러나 우리가 이 놀라운 은혜를 받아들이고 떠받드는 일에 별다른 관심을 보이지 않는다는 게 이상할 따름이다.

우리는 성령님 덕분에 거룩해져서 하나님의 성전이 되고 하나님이 예수님과 함께 우리 마음에 거하시는 것을 경험하게 된다. 성령은 이 한 가지 조건, 즉 우리 자신을 그분의 인도하심에 전적으로 맡기느냐에 따라서 그 일을 가능하게 하신다. 우리는 고린도후서의 마지막 구절을 통해서 성령의 특징과 활동을 확인할 수 있다. "성령의 교통하심이 너희 무리와 함께 있을지어다"(고후 13:13). 성령님 덕분에 아버지와 아들이 하나가 되고 신격 안에서 서로 교제할 수 있다. 성령은 신격의 진정한 생명이기 때문이다.

우리는 성령님 덕분에 하나님과 그의 아들 예수님과 더불어 교제할 수 있다. "우리의 사귐은 아버지와 그의 아들 예수 그리스도와 더불어 누림이라"(요일 1:3). "우리에게 주신 성령으로 말미암아 그가 우리 안에 거하시는 줄을 우리가 아느니라"(요일 3:24). 우리는 성령을 통해서 하나님 아버지와 아들을 알게 되고 사랑의 교제를 경험하게 된다.

하나님의 자녀인 우리는 성령님 덕분에 서로 교제할 수 있다. 하나님의 자녀는 자신의 이익만 앞세우는 이기심이나 사욕과 무관해야 한다. 우리는 하나의 지체를 생각해야 한다. "몸이 하나요 성령도

한 분이시니"(엡 4:4). 계속해서 지체가 하나가 되는 것은 성령님 덕분이다.

성령께서 교회 안에서 더 큰 능력을 발휘하시지 않는 까닭 가운데 하나는 성령을 통한 하나 됨을 제대로 추구하지 않기 때문이다. 오순절에 열흘 동안 어울려서 기도하자 120명이 녹아서 하나 되었다. 그들은 서로 교제하는 영을 받았다.

우리는 성찬의 자리에서 빵과 포도주로 교제를 나눈다. 우리는 다른 지체들이 겪는 어려움 때문에 서로 교제하기도 한다. 그것은 언제나 이런 식이다. "성령의 교통하심이 너희 무리와 함께 있을지어다." 그렇기에 우리는 성령의 열매에 관한 갈라디아서의 말씀을 기억하고 기도로 우리의 사정을 성령께 알려서 모든 하나님의 자녀에 대한 우리의 사랑을 증명해야 한다.

하늘나라에서는 성령님 덕분에 아버지와 아들이 영원히 사랑의 사귐을 갖는다. 진정으로 성령의 충만함을 갈망하는가? 그렇다면 먼저 자신을 하나님께 내려놓으라. 그리고 예수님의 모든 지체와 하나가 되고 교제할 수 있도록 성령께 간구하라. 이 모든 것은 우리 마음에 성령이 부어질 때 가능해진다.

"우리에게 주신 성령으로 말미암아 하나님의 사랑이 우리 마음에 부은 바 됨이니"(롬 5:5).

성령님 덕분에 하나님의 사랑이 우리 마음에 부어졌다. 하나님이 성령을 부어주신 게 사실인 것만큼이나 성령을 통해서 하나님의 사랑이 부어진 것 역시 사실이다.

그렇다면 이것을 우리가 자주 경험하지 못하는 이유는 무엇인가? 대답은 간단하다. 불신 때문이다. 우리의 마음을 하나님의 사랑으로 채우시는 성령의 강력한 역사를 믿기까지는 시간이 걸린다. 우리가 세상과 그것에 관한 관심을 멀리하기 위해서는 시간이 필요하다. 그리고 우리의 마음이 하나님의 사랑에 사로잡히려면 혼자서 하나님의 빛을 쬘 수 있는 시간이 요구된다.

하나님의 한없는 사랑과 마음을 사로잡는 거룩한 능력을 믿으면 우리가 간구하는 것, 즉 성령을 통해서 우리의 마음에 쏟아진 하나님의 사랑을 얻을 수 있다. 하나님은 자녀들이 마음과 힘을 다해서 자신을 사랑하기를 바라신다. 하나님은 우리가 얼마나 연약한지 아신다. 그리고 바로 그 이유로 하나님의 깊은 곳을 살피고, 그 깊은 곳에서 우리의 마음을 채울 수 있는 영원한 사랑의 샘을 찾아내는 성령이 허락된 것이다. 우리가 이것을 갈망하고 하나님을 가까이하고 조용히 받들고 경배하게 되면 어떤 지식으로도 헤아릴 수 없는 그리스도 안에 나타난 하나님의 사랑을 깨닫게 된다.

성령님은 우리가 이 사랑을 소유하길 바라고 계신다. 성령님은 그리스도의 사랑 안에 거할 수 있는 하나님의 위대한 사랑에 힘입어서 아버지와 함께 거하시고, 형제들이나 멸망의 길을 걷는 사람들에게 그 사랑을 전하라고 하루도 거르지 않고 교훈하신다. 성령님은 우리 마음을 영원한 사랑의 샘으로 만들어서 영생이 흘러나와 모두에게 축복이 흘러가게 하신다. 그렇기에 우리는 감사한 마음으로 이렇게 말해야 한다. "성령님 덕분에 하나님의 사랑이 내 마음에 부어졌습니다!"

그렇다면 우리는 우리 마음속에 부어진 성령을 통해 어떻게 걸어갈 수 있을까? '걷다'라는 말은 우리가 비슷한 사람들과 날마다 함께 살아가고 있음을 일깨워 준다. 그리스도인은 걷고 대화를 나누면서 성령의 인도하심을 추종하고 성령을 따라서 걸어가야 한다. 성령을 따라서 걷는 것은 영적인 사람을 알리는 표지다. 영적인 사람은 성령 안에서 하나님을 섬기고 육체를 신뢰하지 않는다.

종종 우리는 기도하는 순간에 하나님과 대화하거나 하나님의 나라를 위해서 봉사할 때만 성령이 필요한 것처럼 말한다. 이것은 커다란 오해이다. 하나님은 온종일 성령이 우리 안에 거하도록 허락하셨다. 우리는 매일의 삶 속에서 무엇보다 성령이 절실히 필요하다. 세상이 우리와 하나님을 떼어놓을 수 있는 강한 능력을 지니고 있기 때문이다. 아침마다 우리는 그날에 필요한 성령을 새롭게 허락해 달라고 기도해야 한다. 하루를 보내면서 성령이 우리와 함께하신다는 사실을 기억하면서 하나님께 우리의 마음을 온전히 드려야 한다.

이와 관련해서 사도 바울은 이렇게 말했다. "너희가 그리스도 예수를 주로 받았으니 그 안에서 행하되"(골 2:6). 그리고 거듭해서 말했다. "주 예수 그리스도로 옷 입고"(롬 13:14). 외출할 때 외투를 입는 것처럼 그리스도인은 주 예수님을 옷 입고, 예수님이 내주하고 있으며, 성령을 따라 걷고 있음을 행동으로 보여주어야 한다.

"너희는 성령을 따라 행하라. 그리하면 육체의 욕심을 이루지 아니하리라"(갈 5:16).

우리가 성령님의 인도하심을 따르지 않는다면 육체가 우리를 다스리게 된다. 하나님께서 허락하신 은총이 얼마나 소중한지 알 수 없다. 우리 마음속에서 아들의 영이 "아빠, 아버지!"라고 외치면 우리는 온종일 사랑스러운 자녀로서 하나님의 임재 안에서 걸어갈 수 있다.

그리스도인이라면 이 교훈을 깨달아야 한다. 언제나 성령을 따라 걸어가도록 가르치려고 성령이 주어진 것이다. 그렇기에 우리는 하나님이 계속해서 거룩한 안내자가 되어 주심에 감사해야 한다. 하나님은 하늘로부터 우리를 매일 새롭게 하고 걸어가게 하며 예수 그리스도 안에 머물도록 해주신다.

너희가 나를 사랑하면 나의 계명을 지키리라. 내가 아버지께 구하겠
으니 그가 또 다른 보혜사를 너희에게 주사 영원토록 너희와 함께
있게 하리니. 요한복음 14:15-16.

하늘로 올라가실 예수 그리스도께서 보혜사 성령을 보내 달라고 아
버지께 기도하셨다. 처음 이런 기도를 하셨을 뿐만 아니라 중보사역
의 일부가 될 예정이었다. 우리 주님은 "항상 살아 계셔서 그들을 위
하여 간구"(히 7:25)하신다. 그렇기에 아버지의 영과 함께 계속해서
교제할 수 있는 것은 모두 아들 덕분이다.

여기서 우리 주님은 성령을 보내실 한 가지 조건을 소개한다. 우
리가 주님을 사랑하고 계명을 지키면 "내가 아버지께 구하겠으니."
이것은 의미심장하고 철저한 말씀, 즉 아주 절실하고 복된 교훈의

말씀이다.

성령이 오시면 우리는 아버지의 뜻을 실천할 수 있다. 그 조건은 합리적이고 정당하다. 성령을 통해서 계명을 지키는 한 우리에게 성령이 충분히 허락되기 때문이다. 우리가 이 진리를 진심으로 받아들이고 기꺼이 성령님의 인도하심에 자신을 맡긴다면 우리는 날마다 성령 충만함을 누릴 수 있다. 그렇기에 우리는 마음을 다해서 그 조건을 수용하고, 주님의 계명을 온전히 지키며, 그리고 계명을 더 완벽하게 실천할 수 있는 능력을 간구해야 한다.

사탄의 속삭임에 귀를 기울이거나 불신과 게으름 때문에 무너져서는 안 된다. 주저하지 말고 주님께 자신을 내려놓아야 한다. 우리 주님은 이렇게 말씀하셨다.

"너희가 나를 사랑하면 나의 계명을 지키리라."

사랑 덕분에 실천할 수 있다. 주 예수님은 이 문제에 관해서 헛된 소망으로 우리를 속이지 않으신다. 은혜를 주시고 우리 마음에 사랑을 허락하시면서 이렇게 말하도록 교훈하신다.

"나는 기쁘게 당신의 뜻을 실천하겠습니다!"

우리는 어린아이 같은 믿음으로 주님을 신뢰하고 자신을 완벽하게 주님의 뜻에 맡겨야 한다. 필요한 것은 그것이 전부이다. 그러면 주님이 우리와 맺은 계약("너희가 나를 사랑하면 나의 계명을 지키리라")의 아름다움을 이해하게 되고, 그러면 하나님은 매일 성령을 보내주실 것이다.

예수 그리스도를
현현하시는 거룩한 성령

우리 주님이 제자들에게 "볼지어다. 내가 세상 끝날까지 너희와 항상 함께 있으리라"(마 28:20)고 말씀하셨을 때, 처음에 제자들은 주님의 말씀에 담긴 의미를 제대로 이해하지 못했다. 제자들이 우리 안에 거하시는 영속적인 임재의 기쁨 안에서 새로운 삶을 살기 시작한 것은 영광을 받으신 그리스도께서 하늘로부터 제자들의 마음속으로 내려오신 성령으로 충만해졌던 오순절이었다.

예수 그리스도께서 영광스러운 약속을 성취하시는 것, 특히 성부와 성자께서 우리 안에 거하시겠다는 약속의 성취(요 14:23)에 대한 우리의 믿음은 모두 한 가지 본질적이고 필연적인 조건이 전제되어야 한다. 곧, 오순절에 제자들에게 임하신 그리스도의 성령이 우리를 다스리고 인도하실 수 있도록 철저히 끊임없이 자신을 내드리는 삶이 전제되어야 한다.

나는 아무도 "그리스도께서 날마다 온종일 우리와 함께 계시는 것을 경험하기란 불가능하다"고 말하기를 바라지 않는다. 예수 그리스도는 진정으로 그분의 말씀이 단순하고도 영원한 실재가 되기를 바란다는 뜻으로 이렇게 말씀하셨다. 예수님은 그러한 약속들이 절대적인 신성한 진리로 받아들여지기를 바란다는 뜻으로 이렇게 말씀하셨다.

"나의 계명을 지키는 자라야 나를 사랑하는 자니 나를 사랑하는 자는 내 아버지께 사랑을 받을 것이요. 나도 그를 사랑하여 그에게 나를 나타내리라"(요 14:21).

"사람이 나를 사랑하면 내 말을 지키리니 내 아버지께서 그를 사랑하실 것이요. 우리가 그에게 가서 거처를 그와 함께하리라"(요 14:23).

그러나 이러한 진리는 하나님으로서 권능을 가진 성령을 깨달아 알고 믿고 순종하는 곳에서만 경험될 수 있다. 예수 그리스도께서 요한복음 14장에서 말씀하신 것은 바울이 "오직 내 안에 그리스도께서 사시는 것이라"(갈 2:20)고 말했을 때, 또한 요한이 "그의 계명을 지키는 자는 주 안에 거하고 주는 그의 안에 거하시나니 우리에게 주신 성령으로 말미암아 그가 우리 안에 거하시는 줄을 우리가 아느니라"(요일 3:24)고 표현했을 때 거듭 증언한 내용이다.

성부 하나님을 알리기 위해서 예수님이 하나님으로 오셨으며 우리 안에 계신 예수님을 알리기 위해서 성령이 하나님으로 오셨다. 우리는 하나님이신 성령이 절대적인 순종을 요구하시며 기꺼이 우리의 모든 존재를 사로잡고 있기를 원하신다는 사실을 깨달아야 한다. 그리고 예수님이 우리에게 요구하시는 모든 것을 우리에게 성취하실 수 있다는 사실을 이해해야 한다.

육신의 온갖 권세로부터 우리를 구원해주실 수 있는 분, 우리 안에 자리 잡은 세상 권세를 정복하실 수 있는 분이 바로 이 성령이시다. 이는 "볼지어다. 내가 세상 끝날까지 너희와 항상 함께 있으리라"(마 28:20)는 말씀처럼 예수 그리스도께서 다름 아닌 우리 안에 거하시는 자신의 영속적인 임재를 통하여 우리에게 예수 그리스도를 현현하시는 것도 바로 이 성령이시다.

또한 우리가 성령의 활동을 이해하고 진정으로 경험하려면 성령과 예수 그리스도의 관계를 알아야 한다. 우리 주님은 떠나시기에 앞서 보혜사 성령이 제자들을 찾아오실 것이라고 말씀하셨다. 성령이 하늘나라의 영광을 모두 동원해서 제자들에게 그리스도를 계시하신다는 것이다. 주님과 제자들이 잠시 떨어져 있더라도 얼마 지나지 않아서 특별한 방법으로 함께 만나게 될 것이다. 이 때문에 제자들은 간절히 성령을 위해서 기도했다. 그들은 예수님을 언제나 소유하고 싶었기 때문이다. 그래서 주님은 성령이 그들에게 일러주실 것이라고 약속하셨다.

이것이 "그가 내 영광을 나타내리니 내 것을 가지고 너희에게 알리시겠음이라"(요 16:14)는 구절에 담긴 의미이다. 달리 말하자면 내가 영광스러운 하늘나라에 있다 하더라도 성령이 나를 소개한다는 뜻이다. "내 것", 즉 내 사랑, 내 기쁨, 내 평안, 그리고 내 모든 삶을 "가지고 너희에게" 알려주실 것이라는 말씀이다. 우리가 예수님의 영광을 위한 삶을 살고자 하는 간절한 바람을 갖고 있다면 성령께서 응답하셔서 온종일 예수님의 거룩하신 임재를 마음에 간직하게 하실 것이다. 우리는 예수님과 교제하고 사랑하며 명령을 지키고, 무엇이든지 그분의 이름으로 행하려고 날마다 조용히 힘써야 한다. 그러면 우리는 은밀하고 강력하게 내부에서 역사하시는 성령을 의지할 수 있다.

"오직 성령의 열매는 사랑과 희락과 화평과 오래 참음과 자비와 양선과 충성과 온유와 절제니 이 같은 것을 금지할 법이 없느니라"(갈 5:22-23)는 구절은 기억하고 묵상할 만한 가치가 있음을 또다시 확인하게 된다. 우리가 늘 예수님과 그분의 사랑, 즐거움, 평안을 생각하게 되면 성령님은 그 열매들이 우리 안에서 무르익을 수 있도록 자비를 베푸실 것이다. 예수님이 우리 안에서, 우리를 통해서 영광을 얻으시는 것이 하나님과 성령님의 커다란 바람이시다. 우리 역시 그것을 간절한 기도와 바람으로 삼아야 한다.

성령은 우리를 완전히 거룩하게 하신다

구약성경에는 하나님을 삼중적으로 '거룩하신 분'으로 제시하고 있다. 또한 '영'이란 단어는 1백 번 이상 등장하지만 '성령'은 단 세 차례만 언급되었다. 하지만 신약성경에는 '거룩'이라는 단어가 성령께 일정하게 적용되고 있다. 또한 예수님은 우리가 거룩해질 수 있도록 자신을 거룩하게 하셨다. 그러므로 성령님의 일차적인 사역은 우리를 성화시키는 것처럼 예수님을 우리 안에서 영화롭게 하는 것이다.

교회의 기도 모임이나 개인적인 경건생활을 하다가 성령께서 오신 목적이 우리를 성화시키기 위해서라는 진리를 깊이 묵상해 본 적 있는가? 우리가 이 진리를 받아들이지 못한다면 성령님은 정결하게 하는 사역을 하지 못하신다. 성령께서 조금 더 도움이 되는 쪽으로 움직이고 조금 더 기도하도록 도움을 주는 낮은 수준에서 만족한다면 우리에게 큰 발전이 없다. 성령은 하나님의 거룩하심을 확실하게 나누어줄 목적으로 '거룩한 영'이라는 이름을 가졌다. 그렇기에 우리가 성령을 통해서 완전히 성화될 것이라는 사실을 믿기만 한다면 우리는 성령이 우리 마음에 거하심을 확신할 수 있다.

그러면 어떤 결과를 얻게 될까? 성령께 완전히 사로잡혀야 한다는 생각을 하게 된다. 온종일 그분의 통제를 받고 그대로 따르게 된다. 우리의 모든 삶은 성령 안에서 이뤄질 것이다. 우리의 기도, 신앙, 그리고 하나님과의 교제와 하나님을 위한 모든 사역은 완벽하게 성령님의 통제를 따르게 될 것이다. 거룩한 영이신 성령은 성화시키는 영이기 때문이다.

내가 지금까지 거론한 내용은 심오하고 영원한 진리이다. 우리는 이 진리를 거부감 없이 받아들이고 하루도 거르지 않고 묵상해야 한다. 그러면서 하늘의 지혜를 소유한 영과 하나님이 놀라운 선물로 주시려고 하는 것, 즉 하나님이 성화의 영을 볼 수 있게 허락하실 때까지 기다려야 한다. 그리고 아침마다 천천히, 조용하게 고백해야 한다. "아빠 아버지, 이 새로운 날에 성령을 내려주사 내 안을 새롭게 하여 주옵소서!"

그렇다면 우리가 갈라디아서 5장 22~23절("오직 성령의 열매는 사랑과 희락과 화평과 오래 참음과 자비와 양선과 충성과 온유와 절제니")을 암송하는 것이 어째서 그렇게 중요한지 아는가? 이 구절을 암송하고 성령의 능력에 힘입어서 이 열매를 맺으려고 노력하면, 우리 안에 성령의 열매를 맺고 성령의 열매를 간직하고 싶은 마음이 더욱 간절해지기 때문이다. 하나님께서 허락하신 축복에 대한 기대가 커지기 때문이다.

여기서 성령의 마지막 두 열매인 믿음과 절제를 잠시 생각해보자. 제자들이 예수님께 여쭈었다. "우리는 어찌하여 (귀신을) 쫓아내지 못하였나이까"(마 17:19). 예수님이 대답하셨다.

"너희 믿음이 작은 까닭이니라. 진실로 너희에게 이르노니 만일 너희에게 믿음이 겨자씨 한 알 만큼만 있어도 이 산을 명하여 여기서 저기로 옮겨지라 하면 옮겨질 것이요. 또 너희가 못할 것이 없으리라"(마 17:20).

제자들의 믿음은 그리 강력하지 못했다. 기도했지만 능력 있는 기도에 필요한 열정과 자기희생은 없었다.

그렇기에 우리가 믿음을 갖고자 한다면 오직 하나님 한 분만 의지해야 한다. 믿음이란 하나님의 말씀을 신뢰하고 매달리며, 하나님께서 이미 약속하신 것을 남김없이 우리 안에서 능력 있게 행하신다고 완벽하게 신뢰하면서 기다리는 것이다. 그러므로 그리스도인의 삶은 믿음으로 채워지는 삶이다.

이제는 절제에 관해서 생각해보자. 절제는 일차적으로 먹고 마시는 것과 관련이 있다. 절제는 대화나 욕구를 제한하고 조심하고 이기심을 버리도록 만든다. 다른 사람들과의 교제에서도 예외는 아니다. 그러므로 우리는 다음의 말을 꼭 명심하며 살아야 한다. "세상의 모든 정욕을 내버리고 모든 면에서 의롭고 경건하고 절제하며 살아라." 우리는 세상과 세상이 주는 유혹을 대할 때마다 절제를, 그리고 하나님의 뜻을 실천할 때는 의를 활용해야 한다. 하나님과 친밀하게 교제하기 위해서 온 힘을 기울여야 한다.

성령께 기도하는 법을 가르쳐 달라고 간구하면 마음이 열리면서 성령의 다른 열매들과 함께 믿음과 절제라는 열매가 주어진다. 그리고 이 열매들은 우리가 하나님이나 다른 사람들과 관계를 유지하며 살아가는 데 영향을 끼친다. 내가 소개한 구절을 암송하고 성령님이 매일 마음에 불어넣는 생각을 통해서 하나님 아버지께 나아가라. 그러면 하나님은 내면의 삶에 성령의 열매를 허락하셔서 우리의 삶 속에서 드러나게 하실 것이다.

우리는 하나님의 말씀에서 인간적인 것과 신적인 것의 놀라운 결합을 확인할 수 있다. 언어는 인간의 것이다. 이해할 수 있는 능력을 갖춘 사람이라면 하나님의 말씀에 담긴 뜻과 진리의 의미를 파악할 수 있다. 하지만 이 모든 것은 인간의 지혜를 활용해야 가능하다. 거룩하신 하나님이 가장 깊은 생각을 우리에게 전달하는 것에는 신적 측면이 존재한다. 육신의 사람은 거기에 도달하거나 이해하지 못한다. "영적인 것으로 분별"해야 하기 때문이다. 그리스도인은 성령을 통해서만 하나님의 말씀에 담긴 신적 진리를 분별할 수 있다.

사도 바울은 하나님이 성경을 읽는 사람들에게 지혜의 영, 즉 성령을 통해서 기록한 말씀을 이해하고, 누구든지 믿기만 하면 역사하시는 하나님의 커다란 능력을 깨달을 수 있는 눈을 허락해 달라고 간절히 기도했다.

오늘날 우리의 신앙이 제대로 힘을 발휘하지 못하고 있다. 사람들이 하나님의 말씀에 담긴 진리를 지적으로 받아들이고 자신의 능력으로 실행하려고 노력하기 때문이다. 또한 신학을 공부하는 학생이 하나님의 말씀이라는 진리를 머리에 담긴 지식으로 받아들이더라도 그 말씀이 예수 안에서 기쁨과 평안을 주지 못하는 것은 마음과 영혼에 영향력을 행사하지 못하기 때문이다. 또한 그것은 신적 진리를 우리에게 계시하실 수 있는 분은 성령 한 분뿐이기 때문이다.

그래서 바울은 하나님의 말씀을 읽거나 묵상할 때 이렇게 기도할 것을 권면했다. "사랑의 하나님, 지혜와 계시의 성령을 허락해 주소서!" 우리가 매일 이런 기도를 한다면 하나님의 말씀은 강력하게 살아 있고 우리의 마음에 변화를 가져올 것이라는 사실을 알게 될 것이다. 하나님의 명령은 언약으로 바뀌게 될 것이다. 하나님의 명령은 무겁지 않고 성령님이 모든 명령을 사랑과 기쁨으로 실천하도록 일러주실 것이다.

예수 그리스도는 우리에게 하나님을 "하늘에 계신 우리 아버지"라고 부르도록 가르치셨다. 예수님은 지상의 자녀들에게 축복을 내려주실 준비를 하고 계신다. 우리 주님은 영광스러운 하늘로 올라가셨고, 그래서 우리는 하늘나라에 마련된 장소에 예수님을 통해서 그분과 함께 앉아 있다는 사실을 알고 있다. 그런 후에 성령님은 하늘의 빛과 사랑과 기쁨과 능력을 우리 모두의 가슴에 쏟아붓기 위해서 하늘에서 찾아오셨다. "하늘로부터 보내신 성령을 힘입어 복음을 전하는 자들"(벧전 1:12).

진정 성령으로 충만한 이들은 내부에 하늘나라의 생명을 보유하고 있다. 하늘나라에서 지내듯이 말과 행동을 한다. 그들은 매일 아버지와 아들과 교제한다. 위에 있는 것을 추구한다. 그들의 생명이 예수님과 함께 하나님 안에 감춰져 있기 때문이다. 성품은 주로 하늘나라를 지향한다. 그들은 영원하고 하늘나라에서 지낼 수밖에 없는 운명이라는 표지를 소유하고 있다.

그렇다면 우리는 이런 하늘나라의 성향을 어떻게 계발할 수 있을까? 그것은 하늘에서 보내심을 받은 성령이 우리 마음에서 하늘나라의 일을 행하시게 하고, 하나님의 낙원에서 성장하는 성령의 열매들을 성숙하게 해야 가능하다. 성령님은 매일 하늘나라에서 하나님과 함께 교제하고 싶은 마음을 불러일으키고, 하늘나라에서 하나님과 함께 거하는 법을 우리에게 가르쳐 주신다. 성령님은 하늘에 계신 영광스러운 그리스도께서 우리 마음에 임재하게 하시고, 내주하시는 그리스도의 임재에 거하도록 교훈하신다.

그리스도인이라면 성령의 지속적인 인도하심을 하나님으로부터 받는 시간을 매일 가져야 한다. 하나님이 우리를 위해서 세상을 이기시게 하고, 하늘나라의 자녀로서 하나님, 예수님과 더불어 하루도 거르지 않고 동행할 수 있는 능력을 허락하시게 해야 한다.

믿음을 버리면 안 된다. 우리가 믿음 안에서 자신을 성령의 통제에 맡기면 성령께서 우리를 위해서 직접 활동하실 것이다. 그러면 우리는 하늘나라의 기쁨을 누리면서 다른 사람들과 교제를 나누고, 그래서 그들이 성령의 인도하심을 받아 예수님의 사랑이라는 하늘의 기쁨을 맛보며 살 수 있도록 도울 수 있을 것이다.

하물며 영원하신 성령으로 말미암아 흠 없는 자기를 하나님께 드린 그리스도의 피가 어찌 너희 양심을 죽은 행실에서 깨끗하게 하고 살아계신 하나님을 섬기게 하지 못하겠느냐. 히브리서 9:14.

성령과 십자가의 관계는 헤아릴 수 없을 만큼 가깝고 풍성한 의미를 지니고 있다. 성령은 그리스도를 십자가로 인도하시고 그곳에서 목숨을 버리게 하셨다. 십자가는 그리스도와 성령에게 지상에서 더는 바랄 수 없는 정점이었다. 십자가는 그리스도께 지상으로 성령이 임하도록 간구할 수 있는 권리를 허락했다. 그리스도께서 죄를 몰아내기 위해서 화목을 실천하셨기 때문이다. 십자가는 성령의 능력을 우리에게 허락하실 수 있는 권리와 능력을 그리스도께 제공했다. 그 위에서 그리스도는 우리를 죄의 능력에서 벗어나게 하셨다.

이것을 간단히 말하면 이렇다. 그리스도께서 우리의 죄와 세상을 위해 죽지 않으셨다면 하늘나라의 축복이나 성령을 부어주시는 게 불가능했다는 사실이다. 예수 그리스도는 하나님 앞에서 살려고 십자가에서 죽으셨다. 그리고 그것은 성령께서 십자가를 우리 마음에 전달하는 방법이었다.

우리가 성령의 능력을 완벽하게 받을 수 있는 것은 그리스도와 함께 십자가에 달렸기 때문이다. 하지만 성령님이 우리를 철저히 소유하지 못하는 것은 세상에 속한 우리가 죽는다는 것이 얼마나 중요한지 제대로 인식하지 못하기 때문이다.

그렇다면 어째서 '성령과의 교제'가 '십자가의 교제'라는 사실을 이해하거나 경험하는 그리스도인이 그렇게 적은 것일까? 그것은 성령과 십자가가 하나라는 사실에 관해서 심오한 영적 통찰력을 얻을 수 있는 지혜의 영을 간구하지 않기 때문이다. 우리는 인간의 지혜를 의지하려고 한다. 하지만 성령을 통해서 거룩한 진리를 가르치시는 하나님을 의지하는 법이 거의 없다.

하지만 우리는 성령께서 그리스도의 십자가로 우리를 데려가서 그분과 더불어 교제를 나누고 세상과 죄에 대해서 죽음으로써 만물이 새로워질 수 있도록 간구해야 한다. 우리가 이것을 행동으로 옮긴다면 실제로 우리는 성령 안에서 생활하고, 걷고, 일하고, 즐거워하며 하나님께 영광을 돌릴 수 있다.

성령과 피,
그리고 마르지 않는 생수

"성령과 물과 피라. 또한 이 셋은 합하여 하나이니라"(요일 5:8). 물은 중생을 통해서 새로워지고 정결해지고 있음을 보여주는 외적인 표지라서 세례에 사용된다. 성령과 피는 서로 다른 두 가지 영적 표현이지만 중생의 순간에는 함께 역사한다. 즉 피는 죄를 용서받는데 영은 본성 전체가 새로워질 때 필요하다. 성령과 피는 서로 어긋나는 법이 없다.

성령과 피가 하나라는 것은 영적이며 진리이다. 우리는 피 덕분에 성령을 얻게 되었고 피를 통해서 구속받고 정결해짐으로써 성령을 받을 수 있게 되었다. 그러므로 피를 통해서만이 확신을 얻고 성령을 간구하는 기도를 하고 받을 수 있다. 만일 그리스도인이 매일 성령님의 인도하심을 담대하게 신뢰하고 싶다면 보혈을 확실하고 강력하게 믿어야 한다.

우리는 어쩌면 자신이 거의 의식하지 못하는 죄를 지었을지도 모른다. 그것은 성령을 근심하게 하고 멀어지도록 만든다. 이것에서 벗어날 수 있는 유일한 방법은 "예수의 피가 우리를 모든 죄에서 깨끗하게 하실 것"(요일 1:7)이라고 믿는 것이다. 우리가 하나님께 나아갈 수 있는 유일한 권리는 어린양의 피 덕분이다. 알고 있든 모르고 있든 간에 남김없이 죄를 가지고 나아가서 예수 그리스도의 보혈에 호소해야 한다. 그것은 사랑을 근거로 우리를 받아들이고 용서하는 유일한 권리이다.

그렇지만 우리는 죄 용서에 만족하지 말고 피로써 가능한 성령 충만함을 받아들여야 한다. 구약성경에 보면 제사장이 피를 갖고 성소에 들어갔고 대제사장은 지성소에 들어갔다. 이와 마찬가지로 그리스도는 자신의 피를 가지고서 하늘의 성소에 들어가서 거기서 성령을 부어주셨다. 그러므로 우리는 피에 의지해서 성령 충만함으로 나아갈 수 있는 권리가 있음을 알아야 한다. 그리스도의 피로 구속받은 우리는 하나님께 값을 치르고 산 소유처럼 완벽하게 자신을 내려놓고 성령의 거처로 사용할 수 있는 거룩한 그릇이 되어야 한다.

우리 주 예수님은 사마리아 여인과 대화하면서 이렇게 말씀하셨다. "내가 주는 물은 그 속에서 영생하도록 솟아나는 샘물이 되리라"(요 4:14). 하지만 요한복음 7장 38절에서는 훨씬 더 강력한 언약의 말씀을 하셨다. "나를 믿는 자는 성경에 이름과 같이 그 배에서 생수의 강이 흘러나오리라." 생수의 강이 우리 자신에게서 흘러나와 다른 사람들에게 생명과 축복을 가져다준다는 것이다.

요한은 더 나아가서 이것이 그리스도께서 영광을 받으실 때 찾아오는 성령을 가리킨다고 말했다. 왜냐하면 아직 성령이 부어지지 않았기 때문이다. 구약성경에는 하나님의 영이 거론되었지만, 성령은 아직 주어지지 않았다. 예수 그리스도는 성령을 제자들의 가슴에 붓기 전에 먼저 영원한 영을 통해서 자신을 십자가에 바치시고, 거룩한 영을 통해서 죽음에서 부활하시고, 그런 다음에 하나님으로부터 성령을 보낼 수 있는 능력을 받아야 했다.

이와 관련해서 성경은 이렇게 증거한다.

"영원하신 성령으로 말미암아 흠 없는 자기를 하나님께 드린 그리스도의 피가 어찌 너희 양심을 죽은 행실에서 깨끗하게 하고 살아계신 하나님을 섬기게 하지 못하겠느냐"(히 9:14).

그리고 예수님은 "죽은 자들 가운데서 부활하사 능력으로 하나님의 아들로 선포"되셨다(롬 1:4). 그리스도께서 죽음을 상대로 승리함으로써 비로소 우리는 그리스도의 거룩한 영이 지금 내 안에 계신다고 말할 수 있게 된 것이다.

우리가 생명의 생물과 강에 관한 이 두 가지 놀라운 언약을 경험하려면 자신의 삶을 주장하는 권리를 포기하고, 예수님과 내적으로 결합하여 사귀기 위해 전적으로 내려놓고, 성령님이 불가능한 일을 해낼 수 있다는 분명한 확신이 있어야 한다. 믿음은 날마다 하나님의 능력과 예수 그리스도를 의지하여 생수가 흘러나오게 한다.

물이 저수지에서 항상 집으로 흘러넘치게 하려면 한 가지가 꼭 필요하다. 그것은 완벽하게 연결되어야 물이 저절로 파이프를 타고 흐르게 된다는 사실이다. 따라서 예수님과 우리의 연합 사이에 그 무엇도 방해하게 해서는 안 된다. 우리의 믿음이 예수님을 받아들이고 새로운 삶을 지속할 수 있게 주님을 의지해야 한다. 예수 그리스도께서 우리에게 성령을 허락하시고, 성령이 축복의 샘처럼 우리 안에 거하신다는 사실을 기뻐하며 확신해야 한다.

세례 요한은 "회개하라. 천국이 가까웠느니라"고 설교하면서 "나는 너희로 회개하게 하기 위하여 물로 세례를 베풀거니와 내 뒤에 오시는 이는 나보다 능력이 많으시니 나는 그의 신을 들기도 감당하지 못하겠노라. 그는 성령과 불로 너희에게 세례를 베푸실 것이요"(마 3:11)라고 말했다. 예수님은 천국 복음을 전파하시면서 이렇게 말씀하셨다. "여기 서 있는 사람 중에 죽기 전에 인자가 그 왕권을 가지고 오는 것을 볼 자들도 있느니라"(마 16:28). 이것이 바로 성령이 부어질 때 일어난 일이었다.

오순절에 베드로는 죄의 회개와 용서의 순전한 복음, 그리고 성령의 선물을 설교했다. "베드로가 이르되 너희가 회개하여 각각 예수 그리스도의 이름으로 세례를 받고 죄 사함을 받으라. 그리하면 성령의 선물을 받으리니"(행 2:38). 이것은 복음을 전하는 데 있어서 필수적이다. 그럴 때 비로소 그리스도인이 하나님의 뜻 안에서 살아가고 무슨 일에서든지 그분을 기쁘게 할 수 있다. 하나님의 나라는 성령을 통해서 주어지는 의(그리스도 안에서)와 기쁨(하나님 안에서)이다. 그리스도께서 "나의 기쁨"이라고 말씀하시는 지속적인 기쁨은 진리의 영이신 성령의 능력을 통해서만 얻을 수 있다.

그런데 온전하지 못한 복음 ─ 회심과 죄의 용서를 가르치지 않는 복음 - 을 전파하고, 영혼들을 더는 진리로 인도하지 못할 때가 얼마나 많은지 모른다. 우리 안에 계신 성령에 관한 지식과 온전한 삶은 거론조차 하지 않는다. 그래서 많은 그리스도인이 힘을 불어넣어 줄 기쁨을 구하기 위해서는 반드시 매일 성령을 의지해야만 한다는 사실을 이해하지 못하는 것도 당연한 일이다.

우리는 자신을 위해서, 그리고 우리가 섬기는 이들을 위해서 역시 이 진리를 받아들여야 한다. 하나님의 영이 인도하시는 것을 하루도 거르지 않고 즐거워하는 것은 충만한 신앙생활을 하는 데 필수적이라는 사실 말이다. 그리고 영적 생활을 하다가 무엇인가 빠진 것 같은 기분이 들 때는 성령의 선물을 날마다 새롭게 허락해 달라고 즉시 기도해야 한다는 사실 말이다.

그런 뒤에는 온종일 성령의 인도하심을 신뢰하고 기다려야 한다. 갈라디아서 5장 22~23절을 암송함으로써 성령이 우리를 위해 하시게 될 모든 일을 통해서 용기를 얻어야 한다. "오직 성령의 열매는 사랑과 희락과 화평과 오래 참음과 자비와 양선과 충성과 온유와 절제니." 그리고 우리 마음을 계속해서 주님을 위한 정원으로 삼으면 성령님이 하나님의 영광을 위해서 열매를 풍성히 맺으실 것이다.

성령 안에서 하나님을 섬겨라

"하나님의 성령으로 봉사하며 그리스도 예수로 자랑하고 육체를 신뢰하지 아니하는 우리가 곧 할례파라"(빌 3:3). 빌립보서의 이 내용은 기도를 준비하는 데 있어서 큰 도움이 된다. 이미 우리는 성령을 달라는 기도를 하면서 하나님께로 나아갔다. 우리는 성령의 인도하심을 간절히 바랐다. 이제 우리는 자신을 내려놓는 기도를 시작해야 한다.

먼저, 우리는 기도하면서 이 세상에서 허락하신 모든 축복에 관해서 하나님께 감사해야 한다. 우리는 의존할 수밖에 없고 능력 없음을 인정하고 하나님의 사랑과 관심을 신뢰하고 있다는 사실을 고백해야 한다. 하나님이 보고 듣고 계신다는 확신이 들 때까지 그분 앞에서 기다려야 한다.

계속해서 그리스도를 향해서 기도하면서 늘 그분 안에 거할 수 있는 은혜를 간구해야 한다. 우리는 주님 없이 아무것도 할 수 없는 존재이다. 그렇기에 우리는 예수님을 우리의 주님, 우리를 보존하시는 분, 우리의 생명으로 인정하고 하루를 온전히 지켜달라고 맡겨야 한다. 우리는 주님의 무한하신 사랑과 실제로 우리와 함께하시는 그분의 임재를 신뢰해야 한다.

끝으로, 우리는 성령께 기도해야 한다. 우리는 이미 그분의 인도하심을 구하는 기도를 했다. 이제는 아버지와 아들에게 간구한 내용이 실제로 진전될 수 있도록 우리의 믿음이 강해질 수 있기를 간구해야 한다. 성령은 아버지 하나님과 주 예수님의 능력과 은사를 나눠주시는 분이다. 우리에게 필요한 모든 은혜는 성령께서 우리 내부에서 역사하신 데 따른 결과이다.

빌립보서의 본문에 따르면 우리는 영으로 하나님을 섬기고 있다. 우리는 예수님 안에서 자랑하되 육체를 신뢰해서는 안 된다. 우리에게는 선한 일을 할 수 있는 능력이 없다. 우리는 예수님이 성령을 통해서 우리 안에서 역사하시도록 신뢰해야 한다.

이런 내용에 대해서 갈라디아서 5장 22~23절 말씀을 거듭 묵상하면서 거기에 거론된 열매들을 우리 삶에 허락해 달라고 간구하라. 그러면 믿음의 성장에 도움이 될 것이다. "오직 성령의 열매는 사랑과 희락과 화평과 오래 참음과 자비와 양선과 충성과 온유와 절제니 이 같은 것을 금지할 법이 없느니라." 자신을 완벽하게 내려놓는 순간, 성령께서 마음에서 역사하시는 것을 담대하게 믿음으로 받아들일 수 있다.

고린도전서에서 사도 바울은 인간의 세 가지 영적 상태를 이렇게 소개한다. 회심하지 않은 자연인이 있다. 그는 "하나님의 성령의 일들을" 받을 수 없다(고전 2:14). 영적인 사람이 있다. 그는 "영적인 것으로 분별"할 수 있는 사람이다(고전 2:14). 그리고 그 둘 사이에 그리스도 안에 있는 '갓난아기'라고 불리는 육신의 사람이 자리 잡고 있는데("형제들아, 내가 신령한 자들을 대함과 같이 너희에게 말할 수 없어서 육신에 속한 자, 곧 그리스도 안에서 어린아이들을 대함과 같이 하노라." 고전 3:1) 시기와 분쟁 속에서 살아간다. "너희는 아직도 육신에 속한 자로다. 너희 가운데 시기와 분쟁이 있으니 어찌 육신에 속하여 사람을 따라 행함이 아니리요"(고전 3:3). 육체적 그리스도인은 삶 속에 죄를 위한 여지를 남겨둔 사람이다.

그렇지만 하나님은 우리를 일깨우시고 성령님은 우리를 영적인 사람이 되도록 인도하신다. 바꾸어 말하자면 진정한 영적 생활로 나아가고 인도받기 위해서 하루도 거르지 않고 기도하는 사람은 죄의 능력을 벗어나게 된다는 것이다.

예수님이 제자들에게 성령을 약속하셨을 때 그것은 제자들이 성령의 인도하심과 능력에 순종할 것이라고 전적으로 기대하셨기 때문이다. 그리고 그 조건은 그때와 마찬가지로 지금도 같다. 우리가 주저하지 않고 주님의 거룩하게 하시는 능력에 자신을 맡긴다면 성령님은 우리를 날마다 새롭게 하실 것이다. 이것이 얼마나 당연하고 복된 일인지 깨달을 수 있도록 우리가 제대로 눈을 뜰 수 있다면 얼마나 좋겠는가!

많은 그리스도인이 성령을 간구하는 기도를 한다. 하지만 삶 가운데 특정 부분은 여전히 포기하지 않고 어느 정도 제한을 둔다. 그리스도인이라고 한다면 성령님의 인도하심에 자신을 온전히 다 맡겨야 한다. 우리가 먼저 진정으로 그런 자세를 보이면 성령께서 우리를 남김없이 소유하고 보존하여 우리 삶을 거룩하게 하실 것이다. 그러므로 우리는 성령님이 깨닫게 해주셔서 하나님을 섬기는 일에 전적으로 헌신하는 삶의 축복을 확인할 수 있도록 매 순간 기도해야 한다. 어정쩡하게 하나님을 섬겨서는 안 된다.

어느 그리스도인이 회심하고 난 직후에 이런 말을 건넸다. "나는 신앙을 갖게 되면 세상일을 할 수 없다고 줄곧 생각했습니다. 두 가지가 상반되는 것 같았습니다. 나는 어깨에 모래주머니를 메고 포도원에서 땅을 파는 사람이 된 것 같은 기분이었습니다. 하지만 주님을 만나게 되자 매우 기뻐서 아침부터 밤늦게까지 즐겁게 일할 수 있었습니다. 모래주머니는 사라지고 주님이 주신 기쁨이 내가 일하는 데 늘 힘이 되었습니다."

이 말은 정말 중요한 교훈이다. 적지 않은 그리스도인들이 주님의 기쁨을 통해서 보호받고 일할 수 있는 능력을 갖추게 된다는 사실을 제대로 알지 못한다. 심지어 노예의 처지라 하더라도 그리스도의 사랑이 충만해지면 그분이 주신 행복한 마음을 증거할 수 있다.

하지만 우리는 바울의 고백을 묵상하면서 하나님의 나라가 성령을 통해서 어떻게 순수한 기쁨과 평안이 될 수 있는지, 하나님이 "성령의 능력으로… 모든 기쁨과 평강을… 충만하게" 하시는지 살펴봐야 한다.

"하나님의 나라는 먹는 것과 마시는 것이 아니요. 오직 성령 안에 있는 의와 평강과 희락이라"(롬 14:17).

"소망의 하나님이 모든 기쁨과 평강을 믿음 안에서 너희에게 충
　만하게 하사 성령의 능력으로 소망이 넘치게 하시기를 원하노
　라"(롬 15:13).

　그런 뒤에는 성령님이 우리 마음에 그리스도의 이 즐거움과 평
안을 허락하신다는 사실을 확인하려고 노력해야 한다. 대개는 '성령
님' 하면 슬픔과 자책, 기대와 실망을 느끼거나 너무 귀하고 거룩해
서 가까이할 수 없다고 생각한다. 그러나 그리스도의 기쁨과 평안으
로 우리를 지키시는 하나님의 놀라운 선물이 자책과 염려라는 문제
가 되어야 한다면 이 얼마나 어리석은 일인가!

　갈라디아서 5장 22~23절을 기억하라. "오직 성령의 열매는 사
랑과 희락과 화평과 오래 참음과 자비와 양선과 충성과 온유와 절제
니." 우리는 매일 성령님의 음성에 조심스럽게 귀를 기울여야 한다.
성령님은 이 놀라운 열매(내 사랑, 내 기쁨, 내 평안)를 맺게 하시는
예수 그리스도께로 우리를 인도하신다. "예수를 너희가 보지 못하였
으나 사랑하는도다. 이제도 보지 못하나 믿고 말할 수 없는 영광스
러운 즐거움으로 기뻐하니"(벧전 1:8). 그러므로 우리는 성령님이 주
님의 기쁨으로 우리를 인도하신다는 사실을 굳게 믿으면서 더할 수
없이 겸손한 모습으로 그분께 기도해야 한다.

"영원하신 성령으로 말미암아 흠 없는 자기를
하나님께 드린 그리스도의 피가
어찌 너희 양심을 죽은 행실에서 깨끗하게 하고
살아계신 하나님을 섬기게 하지 못하겠느냐" (히 9:14).

02

먼저 성령을
충만하게 받으라

The Believer's Secret of Holiness _ Part 2

아볼로가 고린도에 있을 때에 바울이 윗지방으로 다녀 에베소에 와
서 어떤 제자들을 만나 이르되 너희가 믿을 때에 성령을 받았느냐.
이르되 아니라. 우리는 성령이 계심도 듣지 못하였노라. 사도행전
19:1-2.

이 사건은 성령이 충만하게 흘러넘쳤던 때로부터 약 20년이 지난 후
에 일어난 일이다. 사도 바울은 자신의 긴 선교여행 중 에베소에 도
착하여 믿음이 연약한 몇 명의 제자들이 비로소 교회 내에서 그리스
도인이라 일컬어지는 장면을 목격하게 되었다. 그래서 바울은 그들
에게 물었다. "너희가 예수를 믿은 이후에 성령을 받은 적이 있느
냐?" 그러자 그들은 성령이 있음조차 듣지 못하였다고 대답했다.

　사실 그들은 앞으로 오실 예수님 안에 있는 구원에 관심을 두고

회개를 외쳤던 세례 요한에 의해 세례를 받은 사람들이었다. 그들은 성령이 충만하게 흘러넘쳤던 위대한 사건과 그 사건의 중요성을 전혀 알지 못하고 있었다. 그들이 구원자를 존귀하게 했던 오순절의 성령 충만한 설교를 미처 깨닫지 못했던 이유는 대대로 전승되어 온 메시아에 대한 보편적인 신앙 때문이었다.

사도 바울은 즉시 그들을 보살폈고, 하나님 아버지로부터 성령을 받았던 영광스러운 예수님의 충만한 복음을 그들에게 가르쳤다. 그리고 그의 모든 제자에게도 가르쳤다. 이 복음을 들은 그들은 성령으로 세례를 받았던 예수님의 이름으로 세례를 받게 되었다. 바울은 그들에게 손을 얹어 기도했고, 그 즉시 그들은 성령을 받았다. 그 후로 그들은 오순절의 기적을 서로 나누며 널리 전하였고, 여러 나라말로 방언을 하게 되었다.

이번 장에서 나는 하나님의 자녀들에겐 이중적인 그리스도인의 삶이 있다는 메시지를 전하려고 한다. 그중 하나는 우리가 마치 구약의 언약 아래 있었던 많은 사람처럼 성령의 역사하심에 대해 그 무엇인가를 경험해야 한다는 것이다. 그러나 아쉽게도 우리 대부분은 아직 오순절의 충만한 성령과 같은 그런 성령을 받지 못했거나, 혹은 마음속에 내주하시는 성령을 개인적으로 경험하지 못하고 있다. 다른 하나는 성령의 내주하심이 느껴지고 경험되어지는 더 풍성한 삶이 실제로 존재한다는 사실이다. 만일 우리가 성령으로 충만하게 된다면 우리는 성령께서 우리 안에 내주하셔서 우리와 동행하시기에 더 풍성한 삶을 영위할 수 있게 된다.

그리스도인들은 이와 같은 두 가지 상태를 구별하여 완전히 이해해야 한다. 그럴 때 비로소 우리는 우리를 향한 하나님의 영화로운 뜻을 발견할 수 있다. 성령의 체험은 그리스도인들이 각자의 죄를 자백하고, 삶 속에 여전히 나타나는 신앙의 불일치를 고백할 때 일어나는 경험이다. 기독교 공동체에서 다시금 오순절 성령의 능력이 회복되기를 간절히 소원하는 것은 가능한 경험이다. 그렇기에 우리는 우리의 눈을 이러한 구별에 고정시켜 놓고 에베소교회에 나타난 사건 속에서 깊은 교훈을 얻어야 한다.

성령을 받을 때까지
만족하지 말라

건강한 그리스도인의 삶에 있어서 우리 안에 내주하시는 성령을 받았는지를 분명히 인식하는 것은 꼭 필요한 일이다. 이것은 바울이 우리에게 다음과 같은 질문을 절대로 하지 못하게 만든다. "너희가 믿을 때에 성령을 받았느냐?" 이것은 제자들을 믿는 자로서 인식한 것이다. 그러나 이러한 입장은 그들을 충분히 이해한 것이 아니다. 이 세상에서 예수님과 함께 걷고, 함께 지냈던 그 제자들은 진실한 성도였다.

하지만 예수님은 그 제자들에게 하늘에 있는 자신에게서 온 성령을 받기 전까지는 절대로 만족하지 말라고 말씀하셨다. 바울 역시 하늘의 영광 가운데 주님을 만났고, 그 환상에 의해 회심으로 이끌려갔다. 그러나 그런 바울조차도 주님이 그 안에서 행하셨던 일들을 완전히 영적으로 이해한 것은 아니었다. 아나니아가 바울에게로 가야 했고, 바울의 머리 위에 손을 얹어 안수해야지만 바울이 온전히 성령을 받을 수 있었다. 그때야 비로소 바울은 예수님을 위한 증인이 될 수 있었다.

이 사건은 성령께서 우리 안에서 역사하실 때 두 가지 방식으로 일하신다는 사실을 가르쳐준다. 첫 번째는 성령님이 비록 우리를 회심과 믿음의 삶으로 인도하고, 항상 선하고 거룩한 모든 것으로 우리를 주장한다고 할지라도, 우리가 온전히 성령을 받아들이지 않는다면 아직은 성령께서 우리 안에 내주하시는 게 아니라는 것이다. 이때는 단지 우리가 받아들이길 예비하고 계실 뿐이다. 두 번째는 우리의 내면적인 존재가 진심으로 성령이 내주하시는 사람으로 변화되었을 때 성령님은 우리 안에 오셔서 '충만함'으로 우리의 내면이 한 차원 성장할 수 있도록 역사하신다는 사실이다. 이런 성령님의 역사가 있을 때야 비로소 우리는 성령님과 동행하는 완전한 그리스도인의 삶을 누릴 수 있게 된다.

이러한 두 가지 사실을 이해하는 것은 매우 중요하다. 이것은 우리가 진리의 영이신 성령님의 지배를 완전하게 받으면 받을수록 우리가 진정으로 어디에 서 있는지를 확실하게 발견하는 데 도움을 준다. 나아가 우리 시대의 교회 상황을 더욱 잘 이해하는 데 커다란 도움을 준다.

우리는 이런 사실을 사마리아에서 일어났던 일들을 살펴봄으로써 명확하게 이해할 수 있다. 전도자 빌립은 사마리아에서 복음을 전하는 설교를 했다. 그 결과 많은 사람이 예수 그리스도 안에 있는 믿음으로 돌아왔고, 예수님의 이름으로 세례를 받았다. 온 도시가 기쁨으로 충만해졌다. 이 소식을 들은 사도들은 요한과 베드로를 보내기로 했다. 사마리아에 도착한 요한과 베드로는 새로운 회심자들이 성령을 받을 수 있도록 성령 충만함을 위해 기도했다. "이는 아직 한 사람에게도 성령 내리신 일이 없고 오직 주 예수의 이름으로 세례만 받을 뿐이더라. 이에 두 사도가 그들에게 안수하매 성령을 받는지라"(행 8:16-17).

이런 기도에는 사마리아인들을 회심으로 인도하고, 믿음으로 인도하며, 구세주이신 예수님 안에서 기쁨으로 인도했던 성령님의 역사하심과는 아주 다른 그 무엇인가가 있었다. 이것은 더 높은 차원의 은혜였다. 이렇듯 성령님은 우리 믿는 자들의 마음을 거룩하고 충만하게 채워주시기 위해 항상 우리 곁에 거하신다. 단지 우리는 곁에 계신 성령님을 진심으로 받아들이기만 하면 된다. 간절한 기도로써 받아들이기만 하면 된다. 이러한 새로운 경험이 주어지지 않았다 할지라도 회심한 사마리아인들은 새로운 그리스도인이 되었다.

그들이 연약한 채로 남아 있을지라도 말이다.

마찬가지로 오늘날 우리가 사는 이 시대에도 여전히 성령의 은사에 대해 아무것도 모르는 많은 그리스도인이 존재한다. 이런 그리스도인들은 삶 속에 선하고 경외할 만한 것, 심지어 강한 열정과 믿음을 가졌음에도 불구하고 여전히 연약함, 실수, 그리고 절망으로 인해 신앙 성장에 방해를 받고 있다. 이것만으로는 더 높은 차원으로부터 오는 능력과 활력을 북돋워 주는 하나님과 교제를 할 수 없다. 이와 같은 영혼들은 제자들의 마음을 충만하게 하였던 오순절 성령의 은사와 같은 능력을 절대로 받을 수가 없다.

너희가 믿을 때에 성령을 받았느냐?

복음의 위대한 사역은 성령께서 믿는 자들을 인도하신다는 점이다. 이것은 예수님이 3년 동안 제자들을 가르치고 훈련시킨 후에 최고의 목표로 삼으신 뜻이다. 이것은 또한 하나님 아버지의 약속을 기다리면서 하늘로부터 내려오는 성령을 받아야 한다는 믿음으로 제자들을 이끈 것이다. 이것이 오순절에 베드로에게 임한 성령의 주된 목적이었다.

사도 베드로는 사람들을 향해 마음에 깊은 회개를 하고, 세례를 받으며, 죄 용서함을 받으라고 권면했다. 그러면 성령을 받을 것이라고 단언했다.

"베드로가 이르되 너희가 회개하여 각각 예수 그리스도의 이름으로 세례를 받고 죄 사함을 받으라. 그리하면 성령의 선물을 받으리니 이 약속은 너희와 너희 자녀와 모든 먼 데 사람 곧 주 우리 하나님이 얼마든지 부르시는 자들에게 하신 것이라"(행 2:38-39).

사도 바울 역시 성도들에게 그들 각자가 거룩한 하나님의 성전인 것을 강조하면서, 그 거룩한 하나님의 전인 마음을 성령으로 충만히 채워야 함을 상기시켰다.

"그러므로 어리석은 자가 되지 말고 오직 주의 뜻이 무엇인가 이해하라. 술 취하지 말라. 이는 방탕한 것이니 오직 성령으로 충만함을 받으라"(엡 5:17-18).

그렇다. 그리스도인들의 삶에서 최고로 필요한 것은 바로 성령을 받는 일이다. 성령을 받았을 때 그 사실을 온전히 인지하여 성령님과 함께 조화로운 삶을 사는 것이다.

많은 복음주의자는 성령에 관해 단순하게 설교할 뿐만 아니라 성도들에게 내주하시는 성령님과 계속된 교제를 하지 않고서는 진정한 예배를 드릴 수 없다는 사실을 별로 가르치지 않는 것 같다. 하지만 진정한 사역자라면 성령께서 믿는 자들을 인도하시게 하려고 성도들의 삶 속에 있는 많은 부족한 부분을 지적하고 일깨워주어야 한다.

이것은 바울이 질문한 것처럼 자주 반복적으로 성도들에게 이런 질문을 던짐으로써 성도들을 일깨우고 영적으로 갈증을 느끼도록 만드는 일이다. "너희가 믿을 때에 성령을 받았느냐?" 목마른 사람은 물을 마신다. 아픈 사람은 의사를 찾는다. 이처럼 사역자들은 믿는 자들이 자기의 영적인 상태가 불완전하고, 자기 안에 죄성이 있음을 인정하고 성령 충만함을 갈망할 수 있도록 성도들을 권고하고 또 권면해야 한다.

많은 그리스도인은 그들이 삶 속에서 유일하게 부족한 점이 열심을 내 하나님의 일을 더 많이 하지 못한 것으로 생각한다. 그들은 이러한 부족함이 채워지면 자신들이 해야 할 모든 일을 다 한 것처럼 여긴다. 이 경우 충만한 구원의 설교는 그들에게 아무런 도움이 되지 못한다. 이러한 착각은 그들이 성령에 대한 올바른 태도를 보이지 못하도록 만든다. 그들에게 성령은 단지 자신들을 준비시키는 사역만 하신다고 알게 할 뿐 내주하시는 성령으로서 알지 못하게 만든다.

하지만 우리는 계속해서 더 높은 곳으로 향하는 길을 열어야 하며, 그 길을 더욱 갈망해야 한다. 외형적인 하나님의 일이 아니라 성령 충만함에 더 큰 관심을 가져야 한다. 그러므로 우리는 "너희가 믿을 때에 성령을 받았느냐?"라는 질문을 자신에게 개인적으로 날카롭게 던져야 한다. 이 질문에 대하여 내면에서 뜨겁게 반응하고, 아주 진지한 관심사로 느껴질 때 비로소 회복의 시간은 점점 더 가까워질 것이다.

성령을 겸손히 기대하고 또 열망하라

우리는 사도행전에서 사도들이 머리에 손을 얹고 안수기도하는 장면을 가끔 보게 된다. 심지어 사도 바울과 같이 영향력 있는 사람도 회심 과정에서 주님의 직접적인 중보로 아나니아가 손을 얹고 안수하며 기도하는 것을 통해 성령을 받았다.

> "아나니아가 떠나 그 집에 들어가서 그에게 안수하여 이르되 형제 사울아 주 곧 네가 오는 길에서 나타나셨던 예수께서 나를 보내어 너로 다시 보게 하시고 성령으로 충만하게 하신다 하니"(행 9:17).

이 말씀은 복음 사역자들에게 성령의 능력이 반드시 있어야 함을 가르쳐준다. 일반적으로 성령의 능력은 성도들에게 용기를 북돋워 주고 믿음의 터널을 만들어준다. 연약한 성도는 자신을 위해 이러한 축복을 사용할 수 있도록 도움이 필요하다. 그러나 이 축복을 소유하고 있는 사람은 물론이고, 이 축복을 열망하는 사람도 주님에 대한 절대적인 의존과 함께 주님으로부터 모든 능력을 기대해야 한다는 사실을 인정해야 한다.

성령의 은사는 오직 하나님에 의하여 주어질 수 있다. 성령의 모든 신성한 부음은 그 이상 너머로부터 온다. 그러므로 우리는 하나님과 자주 교제를 나누어야 한다. 특히 하나님의 사역을 위해 성령의 역사가 꼭 필요한 사역자들은 더욱 깊이 하나님과 교제를 나누어야 하며, 이러한 축복을 전하기 위해 온전히 사명을 감당해야 한다. 또한 성령을 받은 성도들은 아주 친밀한 영적 교감 가운데서 하나님과 동행하며 교제를 나누어야 한다.

모든 선한 은사는 위로부터 내려온다. 진리 안에 있는 이러한 믿음은 우리가 오순절의 충만한 축복을 바랄 수 있는 확신과 기쁨을 기대하도록 용기를 북돋아 준다. 이를 통한 성령 충만한 은혜로운 삶은 우리를 성령의 영속적인 인도하심 아래 놓이게 한다. 이러한 축복에 대한 기대와 선포는 기독교 공동체가 오순절의 능력을 회복할 수 있게 도와준다.

오늘날 교회 내에서 능력의 부족함을 인정하는 일이 늘어나고 있다. 다양한 은혜의 수단이 있음에도 믿는 자들 안에 구원의 능력이 없고, 설교자들이 전하는 말씀에 회심의 역사가 일어나는 능력도 사라졌다. 성도들 간에는 속된 마음과 개인적인 이기심으로 충돌이 잦아졌고, 불평이 정당화되었다. 만약 이런 불평의 표현들이 커지면 교인들은 하나님의 말씀이 가르치는 위대한 진리를 스스로 내버리고 교회를 떠날지도 모른다. 하지만 오순절의 충만한 믿음이 교회에서 다시금 발견된다면, 교회가 성령으로 충만하게 된다면 그 교회는 하나님의 은혜와 능력을 발견하게 될 것이다. 그들에게 진실로 필요한 것이 무엇인지 깨닫게 되고, 먼저 해야 할 일을 하게 될 것이다.

그러므로 우리에게는 세례 요한처럼 예수 그리스도를 성령으로 세례 주시는 분으로 가르칠 수 있는 더 많은 목회자와 교사들이 필요하다. 개인적인 증인으로서 사람들의 마음속에 말씀이 충만하게 들어가서 그들을 완전히 움직이게 할 성령의 사역에 대한 살아 있는 증거를 나타내는 사역자들이 필요하다.

이를 위해 우리도 제자들처럼 무릎을 꿇어야 한다. 제자들은 먼저 무릎을 꿇고 세례를 받았다. 무릎을 꿇은 그들은 다른 사람들을 위해 세례를 받았다. 오늘날 역시 충만한 축복을 얻는 것은 우리가 무릎을 꿇는 데 있다. 우리는 하나님의 충만한 축복을 기다리는 겸손한 태도를 지녀야 한다.

"너희가 믿을 때에 성령을 받았느냐?" 하나님의 성령으로 충만하게 되는 것과 오순절의 충만한 축복을 소유하는 것은 우리를 향한 하나님의 뜻이다. 우리는 항상 위의 질문에 비추어서 우리의 삶과 사역을 주님 앞에서 판단해야 한다. 그 해답은 바로 하나님께로 돌아가는 것이다. 그렇기에 우리는 주님 앞에서 우리 안에 여전히 부족함이 있음을 고백하는 것을 두려워하지 말아야 한다. 비록 우리가 그러한 축복이 무엇인지, 그 성령이 어떻게 오게 되셨는지 아직 완전히 다 이해하지 못한다고 하더라도 포기해서는 안 된다. 초대교회 제자들도 주님께 호소했으며, 간절한 기도와 열망 가운데 기다리고 또 기다렸다.

우리는 우리의 마음을 겸손으로 가득 채우고, 하나님이 주시는 것이 무엇인지를 열망하며, 그것을 위해 기꺼이 모든 것을 희생할 수 있어야 한다. 그때야 비로소 우리는 예루살렘과 사마리아의 기적이, 가이사와 에베소의 기적이 다시금 반복되는 것을 보게 될 것이다. 그때야 비로소 우리의 영혼은 성령으로 충만하게 될 수 있으며, 앞으로 충만하게 될 것이다.

그들이 다 성령의 충만함을 받고 성령이 말하게 하심을 따라 다른
언어들로 말하기를 시작하니라. 사도행전 2:4.

우리가 성령으로 충만해져서 방언으로 말하고, 그것이 구체적으로
무엇인지를 알고자 열망할 때마다 우리의 생각은 항상 오순절 그때
로 되돌아간다. 성령으로 말미암아 하늘로부터 내려오는 축복이 얼
마나 영광스러운 것인지!

오순절의 위대한 사건에는 이중적인 교훈이 담겨 있다. 그 가운
데 하나는 우리가 예수님과 3년 동안 동행함으로써 성령으로 충만
하게 되었던 제자들의 삶을 배우는 계기가 된다는 것이다. 제자들의
연약함, 실수, 죄악, 그리고 사악함 등 이 모든 것은 우리의 생각을
열 수 있도록 도와주는 살아 있는 교육이다.

오순절의 축복은 제자들을 완전히 변화시켰다. 제자들은 전적으로 새로운 피조물이 되었다. 그래서 그들은 이렇게 고백했다.

"그러므로 우리가 이제부터는 어떤 사람도 육신을 따라 알지 아니하노라. 비록 우리가 그리스도도 육신을 따라 알았으나 이제부터는 그같이 알지 아니하노라. 그런즉 누구든지 그리스도 안에 있으면 새로운 피조물이라. 이전 것은 지나갔으니 보라. 새 것이 되었도다"(고후 5:16-17).

제자들에 관한 면밀한 연구와 실제적인 사례는 우리에게 큰 도움을 준다. 연약하고 죄인 된 우리에게도 성령께서 임하실 수 있다는 사실을 보여준다. 또한 축복을 받기 위해서는 우리가 무엇을 어떻게 준비해야 하는지를 가르쳐주고, 성령 충만함을 받게 될 때 어떻게 강하고 완전한 변화가 일어나는지를 간접적으로 경험하게 해준다. 만약 우리가 오순절의 충만한 축복을 통해 변화된 제자들의 영적인 탁월함을 부지런히 찾는다면, 우리는 우리가 기다리고 있는 게 얼마나 영광스럽고 충만한 은혜인지를 깨닫게 될 것이다.

예수님의 내주하심과
사랑으로

예수님의 영원한 내주 하심은 오순절 축복의 첫 번째이자 가장 기본적인 축복이다. 주님은 이 땅에서 제자들을 가르치고 훈련시키는 일을 고통스러워하지 않으셨다. 제자들을 새롭게 하고 성화시키는 일을 고통으로 여기지 않으셨다. 그러나 제자들은 모든 면에서 본래 모습 그대로 있었다. 왜냐하면 예수님은 그 시점까지도 여전히 제자들에게 외적으로만 존재했기 때문이다. 예수님의 말씀과 영향력은 제자들의 내면까지 변화시킬 수 없는 외적인 그리스도에 머물러 있었기 때문이다.

이러한 상태는 오순절의 축복과 함께 전적으로 변하게 되었다. 예수님은 성령 안에서 제자들 삶의 생명이 되기 위해 내주하시는 그리스도로서 내려오셨기 때문이다. 예수님은 다음과 같이 약속하셨다.

"내가 너희를 고아와 같이 버려두지 아니하고 너희에게로 오리라. …그날에는 내가 아버지 안에, 너희가 내 안에, 내가 너희 안에 있는 것을 너희가 알리라"(요 14:18,20).

이 약속은 오순절에 함께 나타났던 다른 모든 축복의 근원이 되었다. 십자가에 못 박히셨던 예수님은 전능하심으로 영속적인 현존을 제자들에게 알리기 위해 영으로 오셨다. 비록 예수님이 육신의 몸을 입고 이 땅에서 그들과 함께 사셨지만, 그들은 지금 성령으로 말미암아 그들 안에 내주하시는 예수님의 하늘의 영광스러움을 받게 되었다. 그들은 자신들 곁에 가까이 계신 외적인 예수님이 아니라 자신들과 함께하시는 내적인 예수님을 마음속에 간직하게 되었다.

우리는 이러한 첫째 되고 기본적인 축복으로부터 다음 단계로 나아갈 수 있다. 예수님의 영은 생명으로서, 구원의 능력으로서 제자들 안에 나타나셨다. 가끔 우리 주님은 제자들이 자신을 자랑하는 것을 책망하기도 하셨으며, 그들이 겸손해지도록 훈계하기도 하셨다. 그러나 이것은 모두 소용없는 일이었다. 심지어 주님께서 이 땅에 사실 때 최후의 만찬 자리에서도 가장 큰 자가 되고자 다투는 제자들이 있었고, 하물며 예수님을 판 제자도 있었다. "그러나 보라. 나를 파는 자의 손이 나와 함께 상 위에 있도다. 인자는 이미 작정된 대로 가거니와 그를 파는 그 사람에게는 화가 있으리로다 하시니 그들이 서로 묻되 우리 중에서 이 일을 행할 자가 누구일까 하더라. 또 그들 사이에 그중 누가 크냐 하는 다툼이 난지라"(눅 22:21-24).

예수님의 외적인 가르침은 그것이 활용되어 무엇이든지 다른 영향력을 행사한다고 할지라도 거주하는 죄의 권세로부터 그들을 구원하기에는 충분하지 못했다. 이것은 오직 내주하시는 그리스도에 의해서만 성취될 수 있었다. 즉 예수 그리스도께서 성령으로 말미암아 그들 가운데 내려오셨을 때 그들은 완전한 변화를 경험할 수 있었다. 그들은 예수님의 신령한 겸손과 하나님에 대한 순종, 다른 사람들을 위한 희생 안에서 예수님을 받아들일 수 있었다. 그 순간부터 그들은 예수님의 겸손하심과 온화한 영으로 말미암아 생명을 얻게 되었다. 그때부터 모든 것이 변하게 되었다.

대부분의 그리스도인은 십자가상에 나타난 외적인 그리스도만 생각하고 전심을 다한다. 그들은 오순절의 축복이 예수님을 우리 안으로 끌어들이는 것이라는 이해 없이 예수님의 외적인 가르침과 사역에 나타난 축복만을 기다린다. 하지만 이상히 여기지 말라. 이것은 자연스러운 일이다. 이것은 예수님이 우리를 성화의 과정에서 조금씩 변화시키기 위해 그렇게 하신 것이다. 지금, 이 순간에도 예수님은 우리를 성화시키고 계신다.

오순절의 또 다른 축복은 하나님의 사랑이 흘러넘치는 온화한 마음이다. 자만심과 부족한 사랑은 예수님이 제자들을 향해 자주 꾸짖으셨던 죄악이었다. 이러한 두 종류의 죄악은 진리 안에서 볼 때 같은 맥락에 서 있다. 즉 그것은 자신을 기쁘게 하기 위한 죄악들이었다. 그러나 이제 하나님께서 그들에게 주신 새 계명의 특징에 의해 모든 사람은 그들이 예수님의 제자인 것과 서로를 위한 그들의 사랑이 있음을 알게 되었다.

예수님의 성령이 제자들의 마음속에 하나님의 사랑을 쏟아부었을 때 오순절은 모든 것이 완벽히 명백해졌다. 믿음을 가졌던 많은 군중은 한마음과 한 영혼이 되었다. 자신들이 소유했던 모든 물건을 공유하게 되었고, 누구도 자신이 가졌던 물질을 자신의 것이라고 주장하지 않았다. 사랑의 생명이 함께한 하늘 왕국이 그들 가운데로 내려온 것이다. 예수님의 놀라운 사랑이 그들의 영혼 가운데 가득하게 된 것이다. 예수님 자신이 그들 가운데 함께하셨기 때문이다.

전능하신 성령님의 사역과 내주하시는 주님은 사랑의 생명으로 함께 묶여 있다. 이것은 에베소 교인들을 대표해서 드린 바울의 기도문에도 잘 나타나 있다. 바울은 예수 그리스도께서 그들 마음속에 내주하시길 간구하면서 성령의 능력으로 그들이 강건해지기를 기도했다.

> "믿음으로 말미암아 그리스도께서 너희 마음에 계시게 하시옵고 너희가 사랑 가운데서 뿌리가 박히고 터가 굳어져서 능히 모든 성도와 함께 지식에 넘치는 그리스도의 사랑을 알고 그 너비와 길이와 높이와 깊이가 어떠함을 깨달아 하나님의 모든 충만하신 것으로 너희에게 충만하게 하시기를 구하노라"(엡 3:17-19).

성령 충만함과 예수 그리스도의 내주하심은 생명의 근원이 되며, 생명의 기쁨이 되고, 생명의 능력이 된다. 예수 그리스도는 사랑이시기에 사랑 안에서 증거되는 생명을 가져오신다. 만약 성령으로 충만해지는 것이 하나님께서 우리에게 약속하셨던 그 복으로써 인식된다면 하나님의 사랑은 교회 안에 가득하게 될 것이며, 세상 사람들은 교회가 거룩한 한 부분으로써 생명을 받았다는 사실을 발견하게 될 것이다.

성령의 능력과
진리의 말씀으로

우리는 모두 베드로가 어떻게 주님을 부인하였고, 제자들이 어떻게 주님을 피했으며, 왜 주님을 떠나게 되었는지 잘 알고 있다. 사실 그들의 마음은 진정으로 예수님께 붙어 있었다. 그들은 진심으로 예수님이 약속하셨던 것을 행하려고 했으며, 예수님과 함께 죽음의 자리까지도 가려고 했다. 하지만 위기 상황이 닥쳤을 때 그들은 그렇게 행동할 용기도, 능력도 없었다. 그러나 오순절 성령의 축복이 있고 난 뒤에는 더 이상 의지와 수행의 문제가 별개의 것이 되지 않았다. 예수님이 그들 안에 내주하심으로써 하나님은 그들의 의지와 행함의 문제 둘 다를 다루시게 되었다.

오순절 날, 베드로는 유대교를 대적하는 많은 사람에게 예수님에 대해 설교하였다. 자신들을 공회에 끌어다가 책망하는 유대교 지도자들을 향해 담대함을 가지고 다음과 같이 말했다.

"그들을 끌어다가 공회 앞에 세우니 대제사장이 물어 이르되 우리가 이 이름으로 사람을 가르치지 말라고 엄금하였으되 너희가 너희 가르침을 예루살렘에 가득하게 하니 이 사람의 피를 우리에게로 돌리고자 함이로다. 베드로와 사도들이 대답하여 이르되 사람보다 하나님께 순종하는 것이 마땅하니라"(행 5:27-29).

그리고 스데반 집사와 바울, 수많은 사람이 기쁨과 용기를 갖고 박해와 핍박, 죽음까지도 감당할 수 있었다. 예수 그리스도의 성령이 그들의 승리자가 되어주셨기 때문이다. 예수님이 그들을 영화롭게 하셨고, 그들 안에 내주하셨기 때문에 이러한 어려움을 의기양양하게 견딜 수 있었다. 그렇기에 오순절 축복의 기쁨은 우리의 영혼을 예수님의 영으로 가득 채워서 예수님에 대해 증거할 때 용기와 능력을 가져다준다.

또한 오순절의 축복은 하나님의 말씀을 새롭게 한다. 우리는 이러한 사실을 예수님의 제자들을 통해 직접 목격할 수 있다. 그 당시 유대교가 가진 모든 생각과 마찬가지로 메시아와 하나님 나라에 대한 제자들의 생각은 외적이고 세속적이었다. 3년 동안 함께한 예수님의 모든 가르침도 제자들의 생각을 바꿀 수는 없었다. 그들은 메시아의 고통과 죽음에 대한 교리를 이해할 수 없었다. 또한 보이지 않는 영적인 차원에서의 예수님의 소망을 이해할 수 없었다. 심지어 부활하신 이후에도 예수님은 제자들의 믿음 없는 영혼과 말씀을 이해하지 못하는 우매함을 책망하셨다.

그러나 오순절의 출현과 함께 전적인 변화가 일어났다. 그들 안에 계신 성령의 빛이 말씀을 밝게 비추었다. 그들이 가졌던 예전의 성경책이 그들 앞에 펼쳐지게 되었다. 베드로와 스데반의 설교 중에서, 그리고 바울과 야고보의 연설 중에서 우리는 성령의 신령한 빛이 어떻게 구약성경에 비치게 되었는지를 보게 되었다. 제자들은 성령을 통해 예수 그리스도께서 그들과 함께하신다는 놀라운 사실을 깨닫게 된 것이다.

성령님은 우리와 영원히 함께하실 것이다. 그렇기에 우리는 성령 충만함을 받기 위해서 항상 말씀을 묵상해야 할 필요가 있다. 우리의 생각에, 마음에, 매일 걸어가면서도 하나님의 말씀을 간직해야 할 필요가 있다. 그러나 우리는 우리가 성령으로 충만하게 되었을 때 성령의 능력과 진리의 말씀을 완전히 경험할 수 있게 된다는 사실을 잊어서는 안 된다. 성령은 '진리의 영'이시다. 우리 안에 성령께서 내주하실 때 성령님은 우리를 모든 진리 가운데로 인도하실 것이다.

죄악 된 모든 것으로부터 구별되어

죄인들에게 회개의 영을 부어주시며 용서해주시는 예수님의 거룩한 능력은 우리의 섬김에 의해 수행된다. 내주하시는 그리스도의 성령으로 충만해지는 것을 소망하는 사람들은 영화롭게 되신 예수님이 우리 안에서 말씀하실 것과 역사하실 것을 확실히 믿어야 한다. 그럴 때 우리는 다음과 같은 축복을 얻게 된다. 이것은 항상 동일한 방법은 아니지만 항상 확실하게 다가온다.

첫째, 예수님의 제자들은 매일 일상에서 오순절의 충만한 축복으로 한결같이 다른 사람들을 축복해주었다.

"나를 믿는 자는 성경에 이름과 같이 그 배에서 생수의 강이 흘러 나오리라 하시니 이는 그를 믿는 자들이 받을 성령을 가리켜 말씀하신 것이라"(요 7:38-39).

이것은 성령에 대해서 언급한 것이다. 성령으로 충만해진 가슴은 성령으로 흘러넘친다. 성령으로 충만해진 사람은 다른 사람들에게 그 성령을 흘려보내지 않고서는 견딜 수가 없게 된다.

둘째, 하나님께서 교회를 향해 가지고 계신 계획을 이루는 것이 바로 오순절의 축복이다. 우리는 성령께서 성도들의 내면에서 행하실 것에 관해 이야기했다. 그 축복의 시기는 교회의 부르심에 대한 전반적인 대답으로써 교회가 성령으로 충만하게 될 때다. 그리고 그 축복은 이 세상을 향해 생명과 능력을, 주님의 현존하심을 나타내는 것이다. 우리 각 사람은 자신을 위해 이러한 축복을 간구해서 받아야 한다.

셋째, 교회의 많은 성도가 이러한 축복 없이 신앙생활을 하는 것에 만족해한다면 교회 전체는 고통받을 것이다. 심지어 개인적으로 신실한 하나님의 사람들에게도 이러한 축복이 충만하게 나타날 수가 없게 된다. 그러므로 우리는 자신을 위해 성령 충만함을 받아야 할 뿐만 아니라 교회를 위해서도 충만하게 되기를 간구해야 한다.

"만일 한 지체가 고통을 받으면 모든 지체가 함께 고통을 받고 한 지체가 영광을 얻으면 모든 지체가 함께 즐거워하느니라. 너희는 그리스도의 몸이요 지체의 각 부분이라"(고전 12:26-27).

오순절 아침에 있었던 일들을 회상해보자. 당시 초대교회에는 단지 120명의 제자밖에 없었다. 그들 중 대부분은 가난한 사람, 못 배운 어부, 세금을 거두는 세리, 천박한 여자들이었다. 중요하게 여겨지기는커녕 멸시받던 사람들이었다. 그러나 바로 이러한 사람들에 의해 하나님의 나라가 선포되고 확장되었다. 그들은 이런 일들을 두려움 없이 당당하게 행했다.

교회는 그들에 의해서, 그들에게 덧붙여졌던 사람들, 즉 전도 받고 함께했던 거룩한 사람들에 의하여 유대인의 편견과 이방인의 굳은 마음을 극복해낼 수 있는 능력을 갖게 되었다. 예수님의 교회가 영광스러운 승리를 얻게 된 것이다. 초대교회는 단지 성령으로 충만해져 있었기 때문에 이러한 커다란 결과를 간단하게 성취할 수 있었다.

초대교회의 교인들은 예수님을 전적으로 자신의 주님으로 받아들였다. 그들은 오직 성령에 의해서만 자신들이 채워지고, 거룩해지고, 다스려지고, 사용되기를 허락했다. 그들은 자신을 성령의 도구로 하나님께 내놓았다. 그때 하나님은 그분의 모든 기적적인 일을 행하시기 위해 그들을 다루고 사용하셨다. 오늘날의 교회도 초대교회에 일어났던 이러한 똑같은 경험을 하기 위해 그 당시로 되돌아가야 한다. 이것은 죄악과 이 세상에서 분쟁을 일으키고 싸우고 있는 교회를 도와줄 수 있는 유일한 길이다. 교회는 반드시 성령으로 충만해져야 한다.

사랑하는 크리스천 형제들이여, 이러한 소명은 여러분과 모든 교회에 주신 것이다. 이것은 필요한 일 중 하나이다. 우리는 반드시 성령으로 충만해져야 한다. 우리는 성령을 간구하거나 발견하기 이전에 그 모든 것을 이해하거나 깨달아야 한다고 생각해서는 안 된다. 성령을 기다리는 동안에 하나님이 우리가 생각하는 것보다 더 좋은 일들을 행하실 수 있기 때문이다.

우리는 그 기쁨을 경험해야 한다. 예수님이 우리의 마음속을 소유하도록 허락하신 그 성령의 능력을 개인적으로 경험해서 알아야 한다. 그때 거룩하고 겸손하신 하나님의 성령, 사랑과 자기희생의 성령, 용기와 능력의 성령께서 자연스럽게 우리 자신의 영이 될 것이다.

만약 우리가 마음속에 하나님의 말씀을 소유하고 간직하고 있다면 우리는 다른 사람들에게 이것을 축복으로 전달할 수 있는 능력을 갖게 될 것이다. 만약 우리가 오늘날의 교회에서 잘 치장된 초대교회의 거룩함과 장엄함을 보기 원한다면 죄악 된 모든 것으로부터 우리 자신을 구별하게 될 것이다. 우리의 마음으로부터 쓸데없는 모든 것을 몰아내고, 하나님의 성령으로 충만해지기를 갈망하게 될 것이다. 우리는 합법적인 유산으로써 성령을 받아야 한다. 우리는 믿음으로 그 성령을 사용해야 하며, 그 성령을 붙잡아야 한다. 그러면 성령은 확실히 우리에게 주어질 것이다.

너희가 나를 사랑하면 나의 계명을 지키리라. 내가 아버지께 구하겠
으니 그가 또 다른 보혜사를 너희에게 주사 영원토록 너희와 함께
있게 하리니 그는 진리의 영이라. 세상은 능히 그를 받지 못하나니
이는 그를 보지도 못하고 알지도 못함이라. 그러나 너희는 그를 아
나니 그는 너희와 함께 거하심이요 또 너희 속에 계시겠음이라. 요
한복음 14:15-17.

나무는 항상 그것을 자라게 하는 그 씨의 종류에 따라서 존재한다.
짐승도 어미가 누구냐에 따라서 그 종의 형태가 결정된다. 이처럼
살아 있는 모든 존재는 항상 그것이 탄생할 당시에 받았던 그 영향
력에 의해 인도되고 다스려진다. 교회도 마찬가지다. 처음 탄생할
(초대교회가 탄생할) 그 당시의 성령에 의해서 약속과 성장을 부여

받는다. 그렇기에 가끔 오순절 시대로 되돌아가는 것은 우리에게 매우 중요한 일이다. 하나님이 그 당시 초대 교인들에게 행하셨던 일들을 완전히 이해하여 받아들이고, 경험하게 될 때까지 그렇게 하는 것이 우리에게는 필요하다.

지금 우리는 제자들이 오순절에 누렸던 똑같은 축복을 누리기 위해서 무엇을 행해야 하는지 알아야 한다. 초대교회의 제자들은 성령을 받아들일 마음의 준비가 되어 있었다. 그리고 성령의 충만한 가운데 지금을 사는 우리의 모범이 되었다. 그렇다면 무엇이 그들에게 이러한 하늘의 은사를 받을 수 있게 하였을까? 그들이 하나님의 집을 받아들일 수 있는 사람으로 만든 것은 무엇인가? 이 질문에 대한 올바른 대답은 우리가 성령으로 충만해지도록 도와줄 것이다.

그들은 예수님을 위해 모든 것을 버렸다

예수님은 거룩한 생명을 하나로 연결하기 위해 이 세상에 오셨다. 이것은 예수님이 하나님 아버지와 함께하셨고, 또한 우리와 같은 인간의 생명도 함께 소유하셨음을 의미한다. 하나님의 생명은 예수님을 통해 이렇게 피조물인 인간의 생명 속으로 들어오셨다. 그리고 예수 그리스도께서 순종, 죽음, 부활로써 그 사역을 완성하셨을 때 예수님은 높은 하나님의 보좌에서 존귀함을 받게 되셨다. 예수님은 제자와 교회들이 이런 자신의 생명에 참여하게 하는 영적인 능력을 위하여 이 모든 일을 행하셨다.

우리는 신약성경에서 예수님이 아직 영광을 받지 않으셨기에 성령께서 아직 우리 안에 계시지 않는다는 말씀을 발견할 수 있다. "나를 믿는 자는 성경에 이름과 같이 그 배에서 생수의 강이 흘러나오리라 하시니 이는 그를 믿는 자들이 받을 성령을 가리켜 말씀하신 것이라(예수께서 아직 영광을 받지 않으셨으므로 성령이 아직 그들에게 계시지 아니하시더라)"(요 7:38-39). 성도들 안에 내주하시는 하나님의 완전한 성령이 주어진 것은 예수님의 영화 이후에 일어난 일이었다. 오순절에 교회의 지체들에게 임하신 성령은 바로 영광을 받으신 예수님의 영이셨다.

만약 성령 충만함이 예수님과 함께하는 것이라면 예수님과의 개인적인 관계는 위로자의 충만한 은사를 받아들이기 위한 첫 번째 조건이다. 예수님이 제자들과 친밀한 교제를 유지하셨던 것은 바로 이러한 목적을 달성하기 위함이셨다. 예수님은 자신을 제자들과 일치시키기를 갈망하셨다. 제자들이 진실로 자신과 하나 된 것을 느끼기 원하셨다. 가능한 한 범위 내에서 제자들이 각자를 예수님과 동일시하기를 원하셨다. 지식, 사랑, 순종함을 통하여 제자들은 내적으로 예수님과 함께 결합되어야 했다. 이것은 예수님의 영화로운 영에 참여하기 위한 준비과정이었다.

이를 통해 우리에게 주시는 교훈은 아주 단순한 것이지만 매우 중요한 교훈을 담고 있다. 예수님을 믿는 많은 그리스도인은 주님을 섬기는 데 있어서 아주 열심을 내고 있다. 거룩하게 되기를 몹시 갈망하고 있다. 그러나 그들은 아직 자신의 노력으로 성공을 거두지 못하고 있다. 마치 그들은 성령의 약속을 알지 못하는 사람들처럼 스스로 행하고 있다. 성령으로 충만하게 된 성도들의 생각이나 조언은 그들에게 거의 영향력을 끼치지 못하고 있다.

그 이유는 분명하다. 그들은 예수님과의 개인적인 친밀한 관계가 부족하기 때문이다. 주님을 가장 좋은 친구로, 가장 가까운 친구로 이해하지 못하고 있기 때문이다. 사랑받으신 분으로서 주님에 대한 깨달음이 부족하기 때문이다. 이것은 절대적으로 필수 불가결한 것이다. 전적으로 예수님께 전념하는 마음과 전적으로 그분을 의지하는 마음만이 성령의 충만함을 소망할 수 있게 한다.

마태복음 13장에는 이런 말씀이 나온다.

"천국은 마치 밭에 감추인 보화와 같으니 사람이 이를 발견한 후 숨겨 두고 기뻐하며 돌아가서 자기의 소유를 다 팔아 그 밭을 사느니라. 또 천국은 마치 좋은 진주를 구하는 장사와 같으니 극히 값진 진주 하나를 발견하매 가서 자기의 소유를 다 팔아 그 진주를 사느니라"(마 13:44-46).

여기에 나오는 값비싼 진주와 보화에 대한 비유는 우리에게 다음과 같은 것을 가르쳐준다. 즉 우리 마음속에 하나님의 나라를 소유하기 위해서는 우리가 가진 모든 것을 다 팔아야 한다는 뜻이다. 이것이 바로 예수님이 자신을 따라다녔던 제자들에게 요구하셨던 것이다. 예수님의 말씀 가운데 자주 되풀이되었던 요구사항이었다.

"이와 같이 너희 중의 누구든지 자기의 모든 소유를 버리지 아니하면 능히 내 제자가 되지 못하리라"(눅 14:33).

우리가 서 있는 세계는 두 개의 세계가 서로 직접적인 충돌을 일으키고 있다. 하나는 세상을 향한 욕망이고, 다른 하나는 하늘나라를 향한 열망이다. 우리가 사는 세계는 우리를 그 세상으로 끌어들이는 데 필요한 영향력을 행사하고 있다. 그러나 예수님은 제자들에게 하늘의 것을 더욱 갈망하라고 가르치셨다. 그럴 때만이 마음이 두 개로 나뉘지 않고 한마음으로 하늘의 은사를 사모하여 받을 수 있다는 것이다.

예수님은 우리에게 이 세상이 얼마만큼이나 우리를 풍성하게 할 수 있는지, 혹은 어떠한 방법으로 우리를 풍성하게 할 수 있는지에 관한 외적인 지시를 남겨두지 않으셨다. 다만 그분의 말씀 안에서 희생하려 하지 않거나, 세상으로부터 분리되지 않고서는 결코 은혜 안에서 성장할 수 없다고 가르치셨다. 그러나 이 세상의 악한 영들은 우리가 관찰하지 못한 것들을 우리 안에서 아주 쉽게 간파해서, 우리가 스스로에 대한 위로와 기쁨에 대한 열망, 자기를 높이고 기쁘게 하려는 욕망 등으로 우리의 영적 눈을 어둡게 만들고 있다. 그 결과 우리는 이러한 것들이 성령으로 충만하게 되는 것을 어떻게 불가능하게 하는지에 대한 자각 없이 그저 그것들을 만끽하고 있다.

그렇기에 우리는 초대교회 제자들로부터 다음과 같은 것을 배워야 한다. 거룩한 세상으로부터 오는 영으로 충만하게 되기 위해서 우리는 이 세상의 자녀들로부터, 혹은 세상의 그리스도인들로부터 전적으로 분리되어야 한다. 하나님의 영을 받았기에 세상에서 하늘나라를 대변하는 사람이 되어 전적으로 다른 사람, 즉 하나님의 사람으로 살아가야 한다. 그럴 때 비로소 우리는 성령으로 충만한 삶을 살아갈 수 있게 될 것이다.

제자들처럼
이기적인 자아를 버리라

우리 주위에는 사탄이 우리를 유혹하는 데 사용하는, 또한 우리가 매력을 느끼게 하는 두 종류의 큰 원수가 있다. 하나는 이 세상 밖에 있는 것이고, 다른 하나는 우리 안에 있는 것이다. 후자, 즉 우리 안에 있는 이기적인 자아는 첫 번째 것보다 더 강하고 위험하다. 우리가 세상을 멀리하는 동안에도 내면에서 자아가 자신을 강하게 주장할 수 있기 때문이다.

이런 예는 제자들에게서 쉽게 찾아볼 수 있다. 베드로는 진심으로 말했다. "주님, 모두가 다 주를 부인할지라도 저는 죽을 때까지 당신을 좇아가겠습니다." 그럼에도 베드로는 얼마나 이기적인 자아로 행하였던가? 분명히 예수님이 네가 닭 울기 전에 나를 부인할 것이라고 경고하셨지만 베드로는 그 경고를 무시하고 세 번이나 주님을 부인하지 않았던가! 이처럼 이기적인 자아는 자기의 안위와 만족, 자기 확신으로 가득 차서 여전히 자신을 완전히 지배하고 있다.

예수님은 제자들에게 외적인 소유를 다 버리고 자기를 따르라고 말씀하셨다. 예수님은 제자들에게 자기 자신을 부인하고, 예수님의 생명을 받은 게 가장 가치 있는 일로 여겨진다면 자신의 생명마저도 버려야 함을 가르치셨다. 예수님이 제자들의 마음속에서 그분의 일을 행하시는 데 방해를 받았던 것은 바로 이러한 자기 자신의 생명을 사랑하는 자기애였다.

예수님은 제자들을 둘러싼 세상으로부터 물러나기보다는 제자들의 내면에 있는 이기적인 자아를 구속하기 위해 값을 치르신 것이다. 제자들의 생명은 죄성 있는 인간의 자연적인 생명이었다. 죄인된 인간은 영적 죽음을 제외하고는 아무것도 그 삶으로부터 제자들을 해방시킬 수 없었다. 즉 첫 번째 영적인 죽음이 있고, 그다음은 하나님에게서 오는 새 생명의 강건함 속에서 새 삶을 사는 것이다.

제자들은 예수님의 육체적인 죽음을 보았다. 그때 그들은 전에 자신들이 소망했던 세상의 모든 것에 대해 절망했다. 그들이 주님에 관한 생각으로 구속을 기대한 것인지, 혹은 주님에 대한 그들의 부끄러운 불신앙이었는지 간에 그들 마음은 모든 것에 실망으로 가득 차게 되었다. 하지만 아이러니하게도 제자들은 이러한 절망감으로 인하여 자신들의 굳은 마음, 자신들의 삶에 대한 굴욕감, 그리고 자신들에 대한 확신을 깨뜨릴 수가 있었다. 그와 동시에 뭔가 새로운 것을 전적으로 받아들일 수 있는 계기가 되었다. 즉 그들 영혼의 아주 깊숙한 곳에서 영화된 예수님의 영을 통해 나오는 거룩한 생명을 받을 수 있게 된 것이다.

그렇기에 우리가 제자들을 통해 확인할 수 있는 것은 우리 자신에 대한 깊은 신뢰만큼이나 우리를 방해하는 것은 아무것도 없다는 사실이다. 다른 한편으로 우리 자신에 대한 전적인 실망만큼 축복을 가져다주는 것도 없다는 사실이다. 우리는 제자들을 통해 깨닫고 배워야 한다. 우리의 마음을 완전히 하늘의 마음으로 바꾸라고 가르치는 이 세상의 모든 것은 우리가 하늘의 은사에 참여하게 만든다는 사실을. 그리고 우리가 하나님의 거룩한 영으로 더욱 충만하게 만든다는 사실을.

제자들처럼
성령 충만함을 확신하라

제자들은 예수님에 의해 주어진 성령의 약속을 신속하게 받았고 소유했다. 예수님은 마지막 고별설교를 통해 위대한 대선교의 약속을 주시고, 자신이 떠나는 것을 보고 슬픔에 잠겨 있는 제자들을 위로하셨다. 예수님이 주신 약속은 하늘로부터 오는 성령의 사명이었다. 오히려 그들 가운데 임재하신 예수님의 거룩한 존재는 제자들이 충만한 열매와 구속의 능력이 되었다.

　예수님은 자신이 아버지와 함께하신 것, 즉 거룩한 생명으로 제자들 안에 거하게 되셨다. 제자들은 자신들이 예수님 안에 있고, 예수님이 자신들 안에 계신다는 사실을 깨달았다. 성령에 대한 이러한 약속은 감람산에서 예수님이 승천하실 때 제자들에게 마지막으로 하신 말씀의 핵심이었다.

> "예수께서 나아와 말씀하여 이르시되 하늘과 땅의 모든 권세를 내게 주셨으니 그러므로 너희는 가서 모든 민족을 제자로 삼아 아버지와 아들과 성령의 이름으로 세례를 베풀고 내가 너희에게 분부한 모든 것을 가르쳐 지키게 하라. 볼지어다. 내가 세상 끝 날까지 너희와 항상 함께 있으리라 하시니라"(마 28:18-20).

제자들은 성령에 대한 이러한 약속을 중요하게 여기지 않았다. 하지만 비록 그들의 이해는 불완전하였지만, 그들은 신속하게 그 성령을 소유했다. 아니 오히려 그 약속은 그들을 속히 붙잡았고, 그들이 가지 못하게 만들었다. 그들 모두는 오직 한 가지만 생각했다. 그것은 거룩한 하나님의 능력과 영광을 나눠주실 것이라는 확신이었다. 이것은 우리 주님이 약속하신 것이었다. 제자들은 그 성령님이 오실 것을 확실히 알고 있었다. 그것은 그들이 주님의 말씀을 소유하고 있다는 사실만으로도 충분했다. 예수님은 그 말씀이 그들 안에서 실제의 축복이 되게 하셨다.

이와 같은 상황은 지금도 요구된다. 제자들에게, 또한 우리에게 예수님의 영화로운 생명의 능력 안에 있는 보좌로부터 내려오신 성령에 대한 우리 주님의 말씀이 나타났다. "나를 믿는 자는 성경에 이름과 같이 그 배에서 생수의 강이 흘러나오리라 하시니"(요 7:38).

우리에게 필요한 한 가지는 말씀을 빨리 붙잡는 것이다. 오직 성령으로 충만해지기 위해 우리의 전적인 욕망을 말씀에 고정시켜 놓는 것이다. 우리가 그 약속을 상속받을 때까지 그 밖의 모든 것을 포기하는 것이다. 예수님께서 성령의 영접에 대해 친히 하신 말씀은 우리가 강력한 열망과 확고한 신념, 기쁨에 찬 확신으로 가득 채워져야만 높은 곳으로부터 내려오는 능력을 부여받게 되리라는 것이다.

그러나 우리에게 강력한 욕망을 달라고 시도하는 것, 우리에게 신속한 확신을 갖게 해달라고 기도하는 것만으로는 충분하지 않다.

원리적이고 기본적인 일은 우리 자신이 하나님과 아주 가깝게 있는 것이며, 하나님과 함께 거하면서 관계를 맺는 것이다. 그 축복은 하나님으로부터 내려온다. 하나님은 그것을 우리에게 주실 것이다. 우리는 그 은사를 그분으로부터 직접 받아 누리면 된다. 우리가 약속 받은 것은 하나님의 전능하심과 사랑의 기적적인 사역이다. 우리가 열망하는 것은 인격적인 지배와 성령 하나님의 내주하심이다. 하나님은 우리에게 이러한 것을 인격적으로 내려주신다.

사람들은 다른 사람에게서 무언가를 사거나 은혜를 입게 되면 값을 지불하거나 선물로 고마움을 표시한다. 그러나 하나님은 은혜의 선물을 그냥 거저 주시고 더 이상 아무런 상관도 하지 않으신다. 하나님과 함께하는 성령의 은사는 세상의 것과는 다르다. 그렇다. 성령은 바로 하나님이시다. 하나님은 우리 가운데 찾아오신 성령 안에 계신다. 또한 그분은 그 아들 안에 계신다. 성령의 은사는 하나님의 신성 가운데 가장 인격적인 행위자시다. 우리는 가장 가까이에서 하나님과 인격적인 접촉을 통해 성령을 받아야 한다.

우리가 이러한 은혜를 더욱더 명철하게 깨달을수록 우리 자신의 욕망과 지혜로 이런 축복을 붙잡으려고 하는 행위가 얼마나 하찮은 일인가를 느끼게 된다. 오직 하나님의 선하심이 그 성령을 주실 뿐이다. 하나님의 전능하심이 우리를 그렇게 만드실 것이다. 우리는 하나님이 그것을 우리에게 주시기를 갈망하며 기다리는 모든 영혼에 하나님의 영광으로 충만하게 채워주실 것을 믿기만 하면 된다.

모든 나무는 한 뿌리로부터 자라나게 된다. 오순절은 바로 심어진 뿌리이다. 그리고 성령님은 그 교회의 생명의 능력이 되신다. 우리도 그와 같은 경험으로 되돌아가서 제자들로부터 진정으로 필요한 것이 무엇이었는지를 배워야 한다. 예수님과 접붙임이 되는 것, 예수님을 위해 이 세상의 모든 것을 버리는 것, 자기 자신과 다른 사람에 대한 의존함을 단념하는 것, 약속의 말씀을 붙잡는 것, 그리고 나서 살아계신 하나님을 기다리는 법을 배워야 한다. 이것이 바로 기쁨 안에서, 그리고 성령의 능력 안에서 사는 확실한 방법이다.

03

나를 죽이고
임재를 경험하라

The Believer's Secret of Holiness _ Part 3

내 말과 내 전도함이 설득력 있는 지혜의 말로 하지 아니하고 다만 성령의 나타나심과 능력으로 하여 너희 믿음이 사람의 지혜에 있지 아니하고 다만 하나님의 능력에 있게 하려 하였노라. 고린도전서 2:4-5.

사도 바울은 위의 말씀에서 두 가지 종류의 설교와 두 가지 종류의 믿음에 관해 말하고 있다. 설교자의 영은 모인 청중들의 믿음을 결정한다. 십자가의 설교가 단지 인간의 지혜에서 나온 말들로 주어진다면 그 청중들의 믿음은 인간의 지혜에 머무르게 될 것이다. 반대로 목회자의 설교가 성령과 능력의 차원에서 선포된다면 청중들의 믿음은 하나님의 능력으로 확실한 것에 거하게 될 것이다.

성령이 선포된 설교는 하나님의 말씀을 듣는 청중의 믿음 안에서, 그 말씀 안에서 축복의 능력을 두 배로 가져오게 만든다. 만약 우리가 성령의 역사하심에 대한 평가 기준을 알기 원한다면 우리는 성령으로부터 흘러나오는 믿음과 설교를 고려해야 한다. 우리는 이러한 방식으로 오순절의 완전한 축복이 교회 내에서 어떻게 진리로 표명되는지 살펴보아야 한다.

또한 하나님의 자녀들이 있는 곳이라면 그 어느 곳이든지 우리는 연약함과 죄에 대해 두려워해야 한다. 만약 죄에 관하여 두려워하지 않는 사람들이 있다면 그들은 죄에 대해 무지하거나 자기만족에 도취되어 죄를 죄로 여기지 않는 사람들이다. 그러한 사람들로 인하여 교회는 무기력해지고 교회 내에서 기쁨이 사라지게 된다. 이럴 때 오순절의 충만한 축복 외에는 그 무엇으로도 교회를 회복시킬 수 없다.

우리는 무엇인가가 부족하다는 사실을 깊이 느낄수록 회복을 더 빠르게 갈망하게 된다. 만일 우리가 진지하게 교회 내에 어느 정도의 기쁨이 존재하는지, 교회를 교회 되게 하는 주님의 능력이 어느 정도 나타나는지를 살펴본다면 우리는 성령의 충만함을 더욱더 빠르게 갈망하게 될 것이다.

세상으로부터
온전히 구별되라

생각해보자. 하나님의 자녀들 가운데 죄를 이길 수 있는 능력을 갖춘 사람이 얼마나 되겠는가? 오순절의 축복은 하나님의 거룩한 영인 성령이셨다. 그 성령께서 제자들에게 내려오셨을 때 그들 가운데 변화가 일어났다. 그들의 세속적인 생각이 영적인 통찰력으로 변화되었다. 자만심은 겸손으로, 이기적인 생각은 사랑으로, 사람에 대한 두려움은 용기와 충성심으로 변화되었다. 예수님의 생명과 하늘의 생명이 흘러들어옴으로써 죄악을 내던져버리게 된 것이다.

예수님이 자신의 백성들을 위해 예비하고 준비하셨던 삶은 승리의 삶이었다. 그 승리는 사탄의 유혹이나 죄를 지으려는 경향이 없을 것이라는 관점에서의 승리가 아니라 우리를 충만하게 하시는 성령의 내주하시는 능력과 같은 승리였다. 내주하시는 구세주의 현존은 마치 빛이 어둠을 완화시키는 것처럼 죄를 굴복시키고 승리를 쟁취하게 하신다.

그런데 지금 우리가 교회 내에서 죄를 극복한 승리를 본다는 것이 얼마나 드문 일인가! 심지어 신실한 그리스도인이라 불리는 교인들 가운데서도 진실함이 없는 것을 보게 된다. 존경심의 부족, 자만심, 교만, 이기주의, 사랑의 부족 등을 보게 된다. 예수님의 형상인 복종, 겸손, 그리고 사랑을 좇아 산다는 것이 얼마나 어려운 일인가!

하나님의 뜻에 전적으로 항복하는 것이 얼마나 어려운 일인가!

사실 우리는 죄의 고백과 불신앙의 고백, 불순종과 타락을 고백하는 데 익숙해져 있다. 그것은 더 이상 부끄러운 문제로 여겨지지 않는다. 우리는 먼저 하나님께 죄를 고백한 후에 자신을 위로하고 만족해하며 안심한다. 그러나 형제들이여, 죄를 고백하는 것만으로 절대 안심해서는 안 된다. 우리는 성령 앞에서 자신을 더욱 겸손히 낮추고 죄를 한탄하며 미워해야 한다. 결코 지은 죄를 가볍게 여겨서는 안 된다. 다시는 똑같은 죄를 반복해서는 안 된다. 그런 결심이 매 순간 필요하다.

그러므로 우리 안에 있든 아니면 다른 사람들 안에 있든 간에 모든 죄악은 하나님의 성령이 우리에게 얼마나 많이 필요한지를 알려주는 신호이다. 하나님을 경외하는 일이나, 사랑 안에 거하는 일이나, 거룩함을 갈망하는 일이나, 하나님의 뜻에 전적으로 순종하는 일에 있어서 우리가 실패하는 모든 실패는 우리가 하나님의 성령께서 다시금 우리를 지배하는 일이 얼마나 필요한지를 보여주는 긴급한 신호이다.

예수님이 위로자를 보내겠다고 약속하셨을 때 "세상은 그를 받아들일 수 없다"라고 하였다. 눈에 보이는 것에만 전념하고 있는 이 세상의 영은 하나님과 그분의 뜻, 모든 것이 담겨 있는 하늘에 계신 예수님의 영과 화합할 수 없는 적개심을 갖고 있었다. 이 세상은 예수님을 거절했다.

이러한 이유로 예수님은 제자들을 위해 이렇게 기도하셨다.

"내가 아버지의 말씀을 그들에게 주었사오매 세상이 그들을 미워
하였사오니 이는 내가 세상에 속하지 아니함 같이 그들도 세상
에 속하지 아니함으로 인함이니이다. 내가 비옵는 것은 그들을
세상에서 데려가시기를 위함이 아니요. 다만 악에 빠지지 않게
보전하시기를 위함이니이다. 내가 세상에 속하지 아니함 같이
그들도 세상에 속하지 아니하였사옵나이다"(요 17:14-16).

이것은 또한 사도 바울이 왜 다음과 같은 말을 했는지에 대한 이
유가 된다.

"우리가 세상의 영을 받지 아니하고 오직 하나님으로부터 온 영
을 받았으니 이는 우리로 하여금 하나님께서 우리에게 은혜로
주신 것들을 알게 하려 하심이라"(고전 2:12).

이 두 가지의 영, 즉 이 세상의 영과 하나님의 영은 생명과 죽음
사이에서 우리를 서로 끌어당기고 있다.

이것은 하나님이 자신의 백성들을 이 세상으로부터 구별하기 위
한 부르심이다. 백성들의 마음과 보물을 하늘에 쌓아두도록 함으로
써 순례자로 사는 삶을 살도록 하기 위한 것이다. 그러나 이러한 것

들을 성도들 가운데서 진정으로 찾아볼 수가 있는가? 누가 감히 그렇다고 단호히 말할 수 있겠는가? 대다수의 그리스도인은 영적인 탁월함에 관한 탐구를 그렇게 즐거워하지 않고, 그것을 위해 간구하지도 않는다. 진실한 하늘의 마음을 찾아볼 수가 없다.

빛은 어둠을 몰아낸다. 하늘의 영은 이 세상의 영을 쫓아낸다. 우리는 예수님의 영과 하늘의 영으로 충만하게 채워져야 한다. 우리가 순종하지 않고 하늘의 영으로 채워지지 않는다면 우리는 반드시 이 세상 영의 능력 아래 놓이게 될 것이다. 그렇기에 우리는 교회에서 일어나고 있는 통찰력 있는 부르짖음에 귀를 기울여야 한다.

"누가 이 세상 영의 능력으로부터 우리를 구해줄 수 있는가?"

당신의 대답은 이런 고백이어야 한다.

"아무것도 없습니다. 세상의 영으로부터 구해줄 사람은 아무도 없습니다. 오직 하나님의 영으로 충만해져야만 합니다!"

흔들리지 말고
확고하게 서라

교회에서 복음을 전하기 위해 노력하는 사람들은 충분한 시간이 있는데도 쉽게 움직이지 않는 사람들을 보고 불평한다. 자칭 그리스도인이라 하는 사람들로서 세상의 또 다른 영향력 안으로 들어가게 되면, 성공과 유혹의 시험대 위에 놓이게 되면 그들은 끈기 있게 견뎌오던 일을 그만 중단하고 만다.

그렇다면 이러한 불행은 교회 내에서 어떠한 결과를 초래하는가? 그것은 목회자의 설교가 성령 충만과 능력의 증거로 선포되기보다는 오히려 설득력 있는 말의 지혜로 선포되는 결과를 초래하게된다. 그 결과 교인들의 신앙은 하나님의 능력 안에 있기보다는 인간의 지혜와 교회의 행사들 속에서 유유히 움직이게 된다.

교인들이 성실하고 교훈적인 설교의 유익을 찾는 동안 목회자들은 계속해서 그와 같은 처지에 있을 것이다. 만약 교인들이 성령을 놓치게 된다면 그들은 타락하기 시작할 것이다. 목회자의 설교가 거의 성령의 증거를 보여주지 못해서 영혼들은 살아계신 하나님과 접촉할 수 없게 되기 때문이다. 이와 같은 이유로 수많은 성도가 하나님의 능력 안에 거하지 못하는 것이다.

만약 하나님의 말씀, 설교, 그리고 은혜의 수단들이 성령의 증거로 나타나지 않는다면 그것은 도움을 주기보다는 오히려 신앙생활에 걸림돌이 된다. 은혜의 외적인 모든 수단은 부득이하게 변질되고 사라져버릴 것이며, 오직 성령만이 하나님의 능력 안에 서 있는 믿음이 될 것이다. 오직 성령만이 요동하지 않는 확고하고 강한 믿음으로 남아 있게 될 것이다.

왜 세상에는 그렇게 확고한 자세로 서 있지 못하는 그리스도인들이 많은가? 그 질문에 대한 하나님의 대답은 성령 충만을 갈구하는 영혼들이 심각하게 부족하다는 것이다. 모든 슬픈 사례는 우리에게 오순절의 충만한 축복을 잃어버렸다는 사실을 알려주기 위한 도구로 사용되고 있다. 오순절의 축복은 우리가 갈망해야 하며 하나님으로부터 소유해야 한다. 우리는 이 모든 것을 향한 목마름으로 이렇게 부르짖어야 한다. "하나님 성령의 바람이 사방에서 불어오게 하옵소서. 그리고 죽은 영혼들이 살아나도록 생명력을 불어넣어 주옵소서."

교회 안에 얼마나 많은 사역자가 있는가? 하나님의 말씀에 대한 설교가 얼마나 다양하게 쉬지 않고 계속 흘러나오고 있는가? 수천 수만 명이 넘는 주일학교 교사들이 있지 않은가? 수많은 그리스도인 부모가 자기 자녀들에게 하나님의 말씀을 알려주고 있으며, 또한 그들이 주님을 구세주로 받아들이도록 하고 있지 않은가? 그러나 이러한 모든 사역으로부터 솟아 나오는 열매는 왜 이리도 적은가?

교회 내에서 신실한 그리스도인이라고 불리는 많은 사람은 구원에 관한 명백한 선택을 전혀 하지 못하고 있다. 하나님의 말씀에 관해 어린아이에서부터 노인에 이르기까지 아주 잘 알고 있다. 그러나 그들은 마음 깊은 곳에서 성령에 의해 사로잡힌 바 되지 못하고 있다. 그들은 그 성령이 좋은 것이고, 우리를 기쁘게 해주는 것이며, 교회에 출석하는 것이 유익한 일이라는 사실을 알고 있다. 그러나 그들은 마치 망치와 같은, 칼과 같은, 혹은 불과 같은 하나님의 말씀 능력을 결코 느끼지 못하고 있다. 그들이 그렇게 혼동 가운데 있는 이유는 그들이 들은 설교에 성령의 능력이 거의 나타나지 않기 때문이다. 이것은 오순절의 충만한 축복이 오롯이 그들의 것이 되지 못하기 때문이다.

그렇다면 이러한 문제에 대한 불만은 설교자, 혹은 회중 어느 한쪽에 속한 것인가? 나는 그것이 둘 모두에게 해당한다고 생각한다. 설교자는 기독교 공동체의 결과이다. 자녀들을 통해서 우리는 부모들이 영적으로 건강한지, 혹은 아닌지를 볼 수 있다. 설교자는 그들 회중의 삶 속에 의존하고 있다.

젊은 목회자가 선포한 설교를 교인들이 기쁘게 받고, 교훈을 얻고, 그 속에서 만족함을 발견하는 것은 설교자가 같은 방향으로 전진하도록 격려해준다. 또한 설교자는 교인들이 더욱 진심으로 성령의 나타남을 간구하며, 전진하도록 도와준다. 그러나 목회자들이 교인들을 하나님의 성령으로부터 모든 것을 기대하도록 이끌지 못한다면 그 목회자는 단지 인간의 지혜와 인간의 말로써 하나님을 섬기도록 유혹하는 것에 지나지 않는다.

이처럼 우리가 모든 세상의 완고함을 소유하고 있는 가장 큰 이유는 바로 오순절의 충만한 축복이 부족하기 때문이다. 인간의 굳어진 마음을 무너뜨리고 되살아나게 하기 위해서는 높은 곳으로부터 능력을 줘야 한다. 주어진 그 성령을 간구하고 또 간구해야 한다. 그럴 때만이 비로소 우리는 흔들리지 않고 확고하게 성령 안에 거할 수 있게 된다.

믿음을 결코
부끄러워하지 말라

하나님 나라의 확장을 위해 자기 자신을 희생하는 일에 우리가 얼마나 적게 준비되어 있는지 생각해보자. 예수님이 승천하시면서 성령을 약속하셨을 때 그것은 하나님의 일을 할 수 있도록 우리 안에 능력을 주시겠다는 뜻이었다.

> "오직 성령이 너희에게 임하시면 너희가 권능을 받고 예루살렘과 온 유대와 사마리아와 땅끝까지 이르러 내 증인이 되리라 하시니라"(행 1:8).

하나님의 나라로부터 오순절의 축복이 주어진 목적은 이 땅의 왕으로서 하나님의 사역을 위해 그 종의 일을 단순히 완성시키기 위해서였다. 성령께서 그들에게 내려오자마자 그들은 하나님의 일을 위해 증인이 되었다. 성령님은 그들을 욕망, 충동, 그리고 용기로 가득하게 하셨다. 모든 대적과 위험에 용감하게 맞서는 능력으로 가득하게 하셨다. 구세주로서 예수님을 알아가는 과정에서 당하는 모든 고통과 핍박을 견뎌내는 능력으로 가득하게 하셨다. 오순절의 성령은 예수 그리스도를 위해 전 세계가 승리하게 하는 진실한 선교사적 성령이셨다.

그리스도인들은 가끔 그 선교사적 성령이 오늘날 점점 증가하고 있다고 말한다. 그러나 우리가 개인적인 관심사를 위해 시간을 보내는 것과 비교해보면 우리가 복음전파를 위해 얼마나 적은 노력을 하고 있는지 알 수 있다. 우리는 다음의 질문을 통해 우리의 노력이 얼마나 보잘것없는 일인지를 다시 한번 보게 된다. "나는 예수님을 위해 계속해서 얼마나 더 희생할 수 있는가?" 예수님은 나를 위해 자신을 제물로 바치셨다. 그렇기에 우리는 예수님을 위해, 그분의 사역을 위해 나 자신을 전적으로 제물로 바쳐야 한다. 당신은 그럴 수 있는가?

우리는 주님이 은사를 계산하실 때에 우리에게 주신 것이 아니라 남아 있는 것에 의해 하겠다고 하신 말씀을 잘 알고 있다. 우리 영혼의 금고 곁에 서서 그 안에 무엇이 담겼는지 알고 계시는 예수님은 계속해서 삶의 전부를 던져넣었던 과부와 같은 사람을 찾고 계신다.

"예수께서 눈을 들어 부자들이 헌금함에 헌금 넣는 것을 보시고 또 어떤 가난한 과부가 두 렙돈 넣는 것을 보시고 이르시되 내가 참으로 너희에게 말하노니 이 가난한 과부가 다른 모든 사람보다 많이 넣었도다. 저들은 그 풍족한 중에서 헌금을 넣었거니와 이 과부는 그 가난한 중에서 자기가 가지고 있는 생활비 전부를 넣었느니라 하시니라"(눅 21:1-4).

얼마나 많은 사람이 자신에게 꼭 필요한 것을 받았는가? 그럼에도 그들은 얼마나 적게 지불하고, 또 얼마나 적게 희생하려 하는가? 오순절의 충만한 축복이 흘러넘쳤다면 그들은 얼마나 달라졌겠는가? 우리의 마음이 예수님을 향해 얼마나 큰 사랑으로, 순수한 기쁨으로 불탔겠는가? 그러나 안타깝게도 우리의 마음속에 예수님을 구세주로 믿고 있고, 모든 것이 예수 그리스도의 사랑으로 말미암았다는 사실을 알면서도 여전히 순종함이 없는 억지 희생만을 강요받고 있다.

형제들이여, 이 땅의 교회와 우리 주변에 있는 기독교 공동체의 상황과 우리 자신의 마음을 눈여겨보라. 그러면 왜 다음과 같은 심각한 울부짖음이 있는지 그 이유를 알게 될 것이다. "오순절의 충만한 축복이 얼마나 적게 알려져 있는가?" 이 모든 원인은 거룩함이 부족하고, 세상으로부터 분리되는 것이 부족하며, 자칭 그리스도인 가운데 견고함이 부족하고, 구원받지 못한 사람들 가운데 회심이 부족하며, 하나님의 나라를 위한 자기희생이 부족하기 때문이다.

슬픈 현실은 우리의 영혼 속에서 교회가 현재 사탄으로부터 고통당하고 있음을 심각하게 확신하고 있다는 사실이다. 다시 말해 오순절의 충만한 축복이 교회에 절대적으로 부족하다는 것이다. 즉 교회가 불화를 치료할 수 없고, 타락으로부터 회복시킬 수 없다는 뜻이다. 그러나 오직 한 가지! 하나님의 성령으로 충만해지는 것을 제외하고는 교회의 능력을 회복할 방법이 없다. 우리는 성령께서 우리의 마음을 온전히 다스리실 될 때까지 현재의 고통에 대해서 말하고, 생각하고, 한탄하고, 기도하는 일을 절대로 멈춰서는 안 된다.

회복은 쉽지 않다. 그 모든 것이 즉시 다가오지 않는다. 쉽게 나타나지도 않는다. 예수님의 제자들도 예수님과 함께 지냈던 3년 동안 그것을 준비하기 위해 매일매일 요구받았던 일이다. 이렇듯 우리가 갈망하는 변화가 즉시 일어나지 않는다고 하더라도 결코 절망해서는 안 된다. 그 필요를 느끼고, 그것을 마음에 담아두어야 한다. 믿음 안에서 더욱 단단히 서 있어야 한다.

오순절의 축복은 교회의 탄생과 함께 생겨난 기득권과도 같은 것이며, 우리 유산의 보증이기도 하다. 그 축복은 여기 이 땅에 우리가 속해 있는 이유이다. 믿음을 결코 부끄러워해서는 안 된다. 우리의 온 마음을 다해 예수님께 붙어 있는 것은 결코 헛된 일이 아니다. 그 축복의 시간은 분명히 올 것이다. 우리가 예수님 안에서 인내하며 믿음을 지킨다면 언젠가 마음으로부터 생명수 강물이 흘러넘칠 것이다.

이에 예수께서 제자들에게 이르시되 누구든지 나를 따라오려거든
자기를 부인하고 자기 십자가를 지고 나를 따를 것이니라. 누구든지
제 목숨을 구원하고자 하면 잃을 것이요 누구든지 나를 위하여 제
목숨을 잃으면 찾으리라. 마태복음 16:24-25.

많은 사람이 진지하게 오순절의 충만한 축복을 찾고 있다. 그러나
그것을 발견한 사람은 드물다. 왜 그 충만한 축복을 발견하지 못하
는 것인가? 이 질문에 대한 대답은 매우 다양하다. 때때로 그 문제
에 대한 해답은 하나의 방향을 가리키거나, 혹은 여전히 범하고 있
는 또 다른 죄의 방향을 가리킨다. 그뿐 아니라 세속적인 일, 사랑
없는 무정함, 겸손의 부족, 그리고 믿음의 길을 갈 때 자신을 죽이고
순종함으로 나아가야 한다는 것에 대한 무지함 등 참으로 더 많은

원인이 언급될 수 있다.

많은 사람은 그들이 주님께 나아와서 이러한 실패를 고백하고, 그런 죄악에서 분명히 떠났다고 자신한다. 그러나 여전히 그들의 삶 속에서 오순절의 충만한 축복이 나타나지 않는다고 불평한다. 여기서 나는 하나의 커다란 장애가 더 남아 있다는 사실을 지적해야 할 것 같다. 커다란 장애란 다름 아니라 다른 모든 걸림돌의 근원이 되는 장애의 뿌리이다. 그 뿌리는 우리의 개인적인 자아이다. 즉 자기 본위의 이기주의, 자기 과신, 자기만족 등 다양한 형태를 취하고 있는 자아의 숨겨진 생명들이다. 어떤 사람은 축복을 얻으려고 더욱더 진지하게 간구하고 있으며, 그 축복을 가로막는 장애물이 무엇인지 알아내려고 노력한다. 그러나 그러면 그럴수록 그는 그곳에 큰 죄악이 있음을 확실히 발견하게 된다. 그는 자신이 바로 자신의 가장 큰 죄악임을 깨닫게 된다. 그는 자신으로부터 자유로워져야 한다. 집착하고 있는 자신의 생명을 완전히 잃어버려야 한다. 그때야 비로소 하나님의 생명이 그를 충만하게 채울 수가 있다.

십자가의 능력으로 죄를 제어하라

사도 베드로는 "주는 그리스도시요 살아계신 하나님의 아들이시니이다"(마 16:16)라고 예수님에 대해서 아주 영광스러운 고백을 했다. 그러자 예수님이 말씀하셨다. "바요나 시몬아 네가 복이 있도다. 이를 네게 알게 한 이는 혈육이 아니요. 하늘에 계신 내 아버지시니라"(마 16:17). 그러나 예수님께서 이어서 십자가상에서의 죽음에 관해 말씀하셨을 때 똑같은 자아를 가진 베드로는 이렇게 말함으로써 사탄의 유혹에 넘어지고 말았다. "베드로가 예수를 붙들고 항변하여 이르되 주여 그리 마옵소서. 이 일이 결코 주께 미치지 아니하리이다"(마 16:22).

예수님은 이와 같은 희생이 자신뿐만 아니라 모든 제자의 안에서 이루어져야 한다고 말씀하셨다. 모든 제자는 자기 자신을 부인하고 자기 십자가를 져야 한다.

"이에 예수께서 제자들에게 이르시되 누구든지 나를 따라오려거든 자기를 부인하고 자기 십자가를 지고 나를 따를 것이니라. 누구든지 제 목숨을 구원하고자 하면 잃을 것이요 누구든지 나를 위하여 제 목숨을 잃으면 찾으리라"(마 16:24-25).

예수님 자신이 십자가를 지고 죽임을 당하셨기 때문에 예수님은 당당히 제자들에게 요구하실 수 있었다.

그러나 생명을 잃는다는 것의 참뜻은 생명을 구원한다는 의미다. 만약 우리가 그리스도를 위해 생명을 잃을 준비가 되어 있다면 우리는 참된 축복을 발견하게 될 것이다. 그때 우리는 주님이 진실로 가르치셨던 것과 요구하셨던 것이 무엇인지를 보게 될 것이다. 베드로는 하나님 아버지를 통해 하나님의 아들이신 그리스도를 배웠다. 그러나 그는 아직 십자가 위에서 죽으실 대속물로서 예수님을 알지 못했다. 베드로는 십자가상의 죽음에 대한 절대적인 필요성을 아직 깨닫지 못하고 있었다. 많은 그리스도인이 지금도 그것을 깨닫지 못하고 있다.

그리스도인들은 자신의 구세주로서 예수님을 알고 있다. 예수님에 대해 더 많이 알고자 하는 열망도 갖고 있다. 그러나 예수님이 십자가상에서 반드시 죽으셔야 했던 그 이유에 대해 더욱 깊은 통찰력 있는 이해를 아직 못하고 있다. 그들은 하나님의 충만한 생명을 받을 때까지 이 세상에 있는 자신의 생명과 존재를 실제로 부인해야 하며, 그 자신의 생명을 잃어야만 한다는 사실을 깨닫지 못하고 있다.

이러한 예수님의 요구사항은 힘들고 어려운 일이다. 그럼에도 우리는 왜 예수님처럼 그렇게 해야 하는가? 그리스도인들은 왜 자기 자신과 자신의 감정, 자신의 의지, 자신의 즐거움 등을 항상 부인하도록 부르심을 받았는가? 왜 자신의 생명을 포기해야 하는가? 이 질문에 대한 대답은 아주 간단하다. 우리 인간의 생명은 철저히 부인되어야 하고 희생되어야 하는 죄와 죽음의 권세 아래 놓여 있기 때문이다. 우리의 생명은 하나님의 생명을 위한 공간을 만들기 위해 전적으로 제거되어야 한다. 충만하게 흘러넘치는 하나님의 생명을 소유하기 위해서는 먼저 자신의 생명을 전적으로 부인하고 잃어버려야만 한다.

그러나 또 다른 장애물 하나가 오순절의 충만한 축복의 길을 방해하고 있다. 그것은 두 가지 별개의 다른 존재가 같은 시간에 같은 장소를 차지할 수 없다는 사실이다. 우리 자신의 생명과 하나님의 생명은 같은 시간에 우리의 마음을 충만하게 채울 수 없다. 지금 우리의 생명은 하나님의 생명이 들어가는 입구를 막고 방해하고 있다. 따라서 우리의 생명을 내던질 때 하나님의 생명은 우리를 충만하게 채우실 수 있다. 나 자신이 무엇인가로 여전히 존재하고 있는 한 예수님은 우리의 모든 것이 되실 수가 없다. 나의 생명을 내 안에서 쫓아내 버려야 한다. 그때야 비로소 예수님의 성령이 우리 안에 흘러넘치게 된다.

오순절의 충만한 축복을 추구하는 모든 사람은 이러한 원리를 받아들여야 한다. 그것을 붙잡아야 한다. 나는 여기서 예수님이 우리에게 가르치셨던 이러한 말씀에 관한 주된 교훈을 지적함으로써 그 교훈의 의미를 더욱 분명하게 하고자 한다.

하나님이 천사와 인간을 창조하셨을 때 그분은 그들에게 구별된 인격체를 주셨다. 그들 자신의 자유 의지를 가지고, 그들이 의도하는 것을 스스로 극복해 나갈 수 있는 능력을 주셨다. 하나님은 자신의 생명과 영광으로 충만하게 채우기 위해 예수님을 생명으로 나타내셨고 바치셨다. 이것은 피조물에게 있어 가장 높고 숭고한 축복이었다. 바로 하나님의 생명과 완전함으로 가득 채워진 그릇이 되는 것 말이다.

그러나 천사와 인간을 막론하고 그들의 타락은 그들의 삶과 의지, 인격이 타락하고, 그들 자신을 즐겁게 하려고 하나님과 멀리 떨어지게 되었다. 이렇게 자기를 높이는 것은 결국 천국에서부터 그들 자신을 지옥으로 내던지는 교만함이 되어버렸다. 이러한 교만은 사탄이 하와의 귓가와 마음속에 불어넣었던 극악무도한 악독함과 같은 것이었다. 우리 인간은 자신 안에서, 그리고 이 세상 속에서 기쁨을 찾기 위해 하나님으로부터 자기 자신을 외면했다. 우리의 삶, 우리의 전 인격체가 하나님의 지배에서 벗어나 타락하게 되었고, 그 자신만을 추구하고 섬기게 된 것이다.

이런 상황에 놓여 있는 우리가 하나님의 충만한 생명을 우리의 것으로 만들기 위해서는 먼저 자신의 생명을 완전히 잃어버려야 한다. 모든 것에서 우리 자신이 아주 하찮은 존재가 되기 위해서 항상 자신의 생명을 부인해야 한다. "이에 예수께서 제자들에게 이르시되 누구든지 나를 따라오려거든 자기를 부인하고 자기 십자가를 지고 나를 따를 것이니라"(마 16:24).

많은 사람은 여전히 인간의 본성에 관한 전적인 타락을 깊이 있게 확신하는 경험이 부족하다. 자신의 경험을 따라가는 게 그리스도인의 자유라고 생각하는 것이 헛된 일이라고 말할 때 그 말이 아직 그들의 귀에 거슬리게 들린다. 그러나 자기 부인은 어떠한 예외도 없이 삶의 모든 영역에서 널리 확산하여야 하는 필수요건이다. 주님은 다음과 같은 말씀에서 절대 물러서지 않으실 것이다. "누구든지 자기가 가지고 있는 모든 것을 버리지 아니하면 나의 제자가 되지 못할 것이다!"

회심이 일어날 무렵, 영적으로 어린 그리스도인들은 이러한 요구조건을 전혀 이해하지 못한다. 그들은 자연적인 생명이 여전히 강하게 살아 있는 그 기간에 새 생명의 씨앗을 마음속으로 받아들인다. 이것은 주님이 위로부터 내려오는 말씀을 베드로에게 전하셨을 때와 비슷한 상태이다. 베드로는 단지 불완전한 한 인간에 불과한 제자였다. 주님이 죽으셨을 때 베드로는 자신을 부인하는 대신에 주님을 죽였다. 그러나 이와 같은 비참한 실패는 그로 하여금 마침내 자신을 절망으로 이끌게 했다. 그 자신의 생명을 전적으로 잃어버리고 예수님의 생명이 전적으로 채워지도록 준비하는 과정이 되었다. 그와 마찬가지로 어린 초신자들도 절망의 나락으로 자신을 내던져야 한다.

우리는 모든 것을 이러한 관점에서 바라보아야 한다. 그가 먹는 것이나 마시는 것에 있어서, 시간이나 돈을 쓰는 일에 있어서, 혹은 생각하는 것이나 다른 사람들에 대하여 말하는 것에 있어서, 그가 자신이 하고 싶어 하는 일을 따라가기 위해서, 자신을 즐겁게 하려고, 그리고 자신의 생명을 유지하기 위한 어떤 정당함이나 자유로운 자아를 가지고 있는 한 오순절의 충만한 축복에 도달하기는 불가능하다는 사실을 깨달아야 한다.

형제들이여, 우리 인간들이 하나님의 성령으로 가득 채워질 수 있다는 것은 말로 형용할 수 없는 거룩함이며 영광스러운 일이다. 우리의 마음에 있는 현재의 거주자와 지배자인 우리 개인의 자아를 던져버리고, 모든 것을 새로운 거주자인 하나님의 영 아래 복종시키는 것은 피할 수 없는 요구이다. 만약 우리가 성령으로 충만하게 가득 채워지는 기쁨과 능력을 이해할 수 있다면 우리는 우선적이고 근본적인 상태, 즉 성령 한 분만이 우리의 생명이시며 우리의 하나님으로서 인식하는 상태에 이르게 될 것이다.

매일 매 순간
자신을 부인하라

우리의 영적 여정의 경력은 결코 개인적인 자아의 능력과 같지 않다. 우리의 자아는 오순절의 충만한 축복을 붙잡으려고 시도하기보다는 오히려 자신의 생명을 더 나타내려고 할 것이다. 많은 사람이 성령의 축복을 얻으려고 아주 다양한 많은 노력을 기울이고 있다. 그러나 그들은 성공할 수 없다. 자신들이 왜 실패하는지 그 이유조차 발견할 수 없을 것이다. 자신의 의지로는 결코 자신의 의지를 내버릴 수 없다는 사실을 잊었기 때문이다. 자신의 자아로는 절대 그 자아를 진실로 변화시킬 수 없다는 사실을 잊어버렸기 때문이다.

진정한 행복이란 그 자신은 아무것도 할 수 없고 무기력한 사람인 것을 인식하는 그 지점에 도달한 사람만이 느낄 수 있는 것이다. 그 단계에 이르면 그는 특별히 자신을 부인해야 할 필요성을 느낀다. 자신의 생명과 강함을 주장하는 것을 그 어느 것에도 예외 없이 중단해야 할 필요성을 느낀다. 그는 주님의 존전에 무기력하고 죽을 수밖에 없는 존재로서 자신을 내려놓는다. 그러면 그는 진정으로 주님으로부터 축복을 받게 된다.

사도 베드로는 오순절을 위해 자신을 준비한 사람이 아니었다. 그는 하늘에게서 오는 오순절의 축복을 받을 만한 그런 사람이 아니었다. 그러나 주님은 그를 위해 이러한 모든 것이 되어주셨다. 베드로는 자기 자신에게 실망했다. 그래서 하나님이 약속하셨던 것을 그분 안에서 성취하기 위해 자신을 온전히 주님께 위탁할 수밖에 없었다. 이는 우리 편에서, 즉 믿는 자들 편에서 자기 자신을 부인하고 자기 자신의 생명을 잃어버리게 하기 위한 것이었다. 주님의 존전에서 우리가 아무것도 아님과 무능력함을 선포하기 위한 것이었다.

우리 자신은 하나님의 존전에서 깊은 겸손함으로, 침묵하는 인내심으로, 어린아이와 같은 순종으로 우리 마음을 고정시켜 놓는 것에 익숙해야 한다. 자신을 아무것도 아닌 존재로 여기는 겸손, 그분과 그분의 때를 기다릴 수 있는 인내, 그리고 하나님이 선한 일을 행하실 것을 전적으로 믿고 맡길 수 있는 순종은 우리가 우리의 생명을 잃어버릴 준비가 되어 있다는 것을 보여주기 위해 행할 수 있는 전부이다.

예수님은 자신을 따르라고 말씀하셨다. 그러기 위해서 우리는 예수님이 어떻게 그분의 의지를 먼저 희생하실 수 있었는지를 기억해야 한다. 예수님은 자신의 생명을 아버지의 손에 내맡기고 무덤으로 내려가셔서 하나님께서 자신을 다시 생명으로 살아나게 하기까지 기다리셨다. 이와 같은 방법으로 우리는 연약함 속에 있는 우리의 생명을 내맡기기 위해 준비해야 하며, 하나님이 성령의 충만함을 소유한 능력으로 다시 그 생명을 일으키실 것을 확신해야 한다. 단순한 인간적인 노력을 버려야 한다. 우리 자신의 능력에 의한 통치를 단념해야 한다.

"그가 내게 대답하여 이르되 여호와께서 스룹바벨에게 하신 말씀이 이러하니라. 만군의 여호와께서 말씀하시되 이는 힘으로 되지 아니하며 능력으로 되지 아니하고 오직 나의 영으로 되느니라"(슥 4:6).

물론 우리는 즉시 다음과 같이 항변할 수 있다. "이러한 요구사항을 만족시킨 사람이 있습니까? 누가 모든 것을 희생할 수 있으며 죽을 수 있습니까? 누가 예수님처럼 그의 생명을 전적으로 내맡길 수 있습니까?" 하지만 이러한 순종이 전혀 불가능한 일은 아니다.

하나님과 함께하면 모든 일이 가능하다.

우리는 예수님이 죽으시고 무덤으로 들어가셨던 일을 문자적으로 그대로 따라 할 수는 없다. 그것은 항상 우리의 능력을 초월하여 남아 있는 일이다. 우리의 개인적인 자아는 결코 우리의 자아로서 죽음까지 내맡길 수는 없다. 무덤에서 조용하게 안식할 수도 없다. 그러나 기쁜 소식이 있다. 예수 그리스도 안에서 우리가 죽었고 장사 지낸 바 되었다는 사실이다. 예수님의 죽음을 이기신 능력, 하나님의 손에서 성령으로 말미암아 순종하고자 하신 그분의 능력, 무덤 속에서 조용히 잠자고 계셨던 그분의 능력이 우리 안에 역사하고 있다는 것이다. 믿음으로 말미암은 성령의 역사와 예수님의 죽음과 생명의 역사는 우리 자신이 우리의 생명을 기꺼이 잃어버릴 수 있도록 해준다.

바로 이러한 목적 때문에 가장 우선되고 가장 필요한 일로써 우리는 우리 자신을 부인해야 한다. 다시 한번 강조하지만, 우리가 오순절 삶의 방식대로 살아가는 데 있어서 가장 큰 장애가 되는 것은 바로 자신의 자아다. 이러한 삶의 죄악은 외적인 죄악들이 자라난 데서 비롯된 것이 아니라 하나님의 성전인 우리 안에 자신의 자아가 놓여 있기 때문이다. 그것은 하나님보다 그 자아를 더 추구하고 즐거워하고 존경하기 때문이다. 그렇기에 우리는 우리 자신의 생명을 우리 자신의 가장 악한 대적으로서, 하나님의 가장 악한 대적으로서 인정해야 한다. 하나님은 예수님이 바로 우리를 위해 준비되신 분이라는 사실을 깨닫는 데서부터 우리 안에 내주하시는 성령의 충만한 축복을 부어주신다. 이러한 축복과 맞바꿀 만큼 아주 보배롭고 값비싼 것은 이 세상에 아무것도 없다.

형제들이여, 여러분은 진정으로 하나님의 영으로 충만하게 채워지는 것에 대해 거짓 없이 진지한가? 여러분의 가장 큰 소망이 성령을 얻는 데 있어서 걸림돌이 되는 게 무엇인지 알려고 하는 것인가? 그렇다면 주님의 말씀을 붙잡고 그것을 여러분의 마음속에 간직해야 한다. 그것을 가지고 예수님께 나아가야 한다. 예수님은 우리가 성령을 이해하게 해주실 것이며 경험하게 해주실 것이다. 그러기 위해서는 우리 안에 있는 모든 것이 예수님께서 희생하신 그 자아에 속하도록 해야 한다.

예수님은 성령으로 말미암아 세례를 받으셨고, 죽음을 통해서 성령을 얻게 하셨다. 예수님의 고통스러운 교제 안에서 베드로가 오순절을 준비하게 하셨던 하나님은 그 자신의 통치로 우리를 안내해 주실 것이다. 우리는 우리 자신이 먼저 예수님을 신뢰해야 한다. 우리 자신을 부인하고 예수님을 따라가야 한다. 우리 자신의 생명을 잃어버리고 그분을 발견해야 한다. 우리의 자아가 비워진 자리에 예수님을 모셔야 한다. 그러면 예수님으로부터 생명수 강이 흘러넘칠 것이다.

그런즉 너희가 어떻게 행할지를 자세히 주의하여 지혜 없는 자같이 하지 말고 오직 지혜 있는 자같이 하여 세월을 아끼라. 때가 악하니라. 그러므로 어리석은 자가 되지 말고 오직 주의 뜻이 무엇인가 이해하라. 술 취하지 말라. 이는 방탕한 것이니 오직 성령으로 충만함을 받으라. 에베소서 5:15-18.

성령으로 충만하라는 명령은 마치 술 취하지 말라고 한 금지명령만큼이나 강한 것이다. 우리가 진실로 죄에 대한 죄책감을 느껴야 하는 것처럼 우리는 적극적인 금지명령에 순종하도록 묶여 있다. 우리가 술 취하지 말며 살도록 부르신 하나님은 동일한 진지함으로 성령 충만하게 되라고 강하게 권고하신다. 하나님의 명령은 약속과 같은 것이다. 왜냐하면 하나님의 약속과 명령은 항상 동일하게 이루어지며 확실히 보증되기 때문이다.

이와 같은 강한 확신을 가지고 우리는 마치 성령을 충만하게 받은 사람들처럼 하나님의 뜻 안에서 사는 방법을 모두 간구해야 한다. 나는 이번 장에서 이러한 축복을 진정으로 갈망하는 사람들에게 축복을 얻기 위한 몇 가지 방법을 소개하고자 한다. 아울러 성령 충만함을 열망하는 사람들에게는 무엇이 예비되어 있는지를 알아보려고 한다.

성령 충만함을 받기 위한 두 단계

첫 번째 단계

안타깝게도 성령 충만함이 하나님 자녀들의 유업이라는 사실을 믿지 못하는 성도들이 너무나 많다. 그들은 오순절을 단지 교회의 탄생 축제일로만 생각한다. 그것을 예정되어 있지 않은 축복과 능력의 때를 견뎌내야 했던 것으로 여긴다. 그들은 성령으로 충만하게 되라고 하신 하나님의 명령을 반영하지 못하고 있다. 그 결과 그들은 성령 충만을 받기 위해 전혀 간구조차 하지 않는다. 그들은 결국 이 세상에 있는 교회 내에서 연약하고 불완전한 사람으로 남아 있는 것에 만족하며 살아가고 있다.

당신도 이와 같은 상태에 놓여 있지 않은가? 이 세상에서 하나님의 사역을 올바르게 수행하기 위해서는 성령의 충만한 축복이 필요하다. 주님을 즐거워하기 위해, 거룩하고 능력 있는 삶을 살기 위해 우리에게는 성령의 충만함이 필요하다. 예수님도 우리 안에 있는 하나님의 현존하심과 거주하심, 그리고 영광스러움을 나타내기 위해 성령으로 충만해야 할 필요성을 강조하셨다.

우리는 오순절의 충만한 축복이 신성한 사실임을 확실히 믿어야 한다. 하나님의 자녀들은 그것을 반드시 소유해야 한다. 그것을 완전히 이해하는 데는 시간이 걸릴 것이다. 성령의 영광스러운 의미와 능력을 묵상함으로써 그것을 우리 자신의 것으로 온전히 소유하는 데도 시간이 걸릴 것이다. 하지만 우리의 이해 범위 내에서 우리는 그 축복에 대해 흔들리지 않는 강한 확신과 그 확신을 추구해야 한다. 이것이 바로 하나님의 성령을 받기 위한 첫 번째 단계이다.

두 번째 단계

충만한 축복을 받기 위한 두 번째 단계는 우리가 이러한 축복을 소유하고 있지 않음을 인정하는 것이다. 당신은 아마도 우리가 왜 이러한 것을 인정해야 하는지, 물을지도 모르겠다. 그것은 많은 그리스도인이 이미 자신은 성령을 소유하고 있다고 착각하고 있기 때문이다. 하나님이 요구하신 모든 것은 하나님을 알아가고 하나님께 더욱더 순종하기 위한 노력을 끌어내기 위한 것쯤으로 여기기 때문이다. 그들은 자신들이 이미 하나님의 은혜 가운데 서 있다고 생각한다. 그들은 충만한 축복을, 단지 자신들이 소유하고 있는 것을 삶에서 더 좋게 사용하는 데 필요한 것쯤으로 생각한다. 그들은 자신의 계속된 성장을 위해 필요한 모든 것을 이미 다 소유하고 있다고 여긴다.

확신하건대 이 같은 영혼은 건강하지 못한 상태에 있으며, 치유할 필요가 있다. 따라서 우리는 영적으로 병들어 있다는 사실을 인정하는 것이 필요하다. 우리 자신이 매사에 하나님을 기쁘시게 하려고 없어서는 안 될 성령의 충만함 속으로 들어가지 못하고 있다는 사실을 순순히 인정하는 것이 절대적으로 필요하다.

만약 당신이 지금까지 자신이 잘못 인식하고 있었다는 사실을 마음속에서 정확히 인지한다면, 다음으로 당신은 자신의 상황에 대한 죄를 인정해야 한다. 만약 "성령의 충만함을 받으라"고 하신 명령에 아직 순종하지 못하고 있다면 이러한 실패는 나태함, 자기만족, 믿음이 없는 탓에서 발생한 죄로 여겨야 한다. 이처럼 충만한 축복을 아직 받지 못했다고 하는 고백과 더불어 죄책감이 우리 내면의 아주 깊은 곳에서 흘러나올 때 우리에게는 그 축복을 받기 위한 더욱 강한 추진력이 생길 것이다.

성령 충만함은
당신을 위한 것이다

오순절의 충만한 축복이 단지 초대교회 그리스도인의 공동체를 위한 것이었다고 생각하는 사람들이 있다. 어떤 사람들은 이것이 후기 교회사를 위해 의도된 것쯤으로 여긴다. 그들은 모든 사람이 그 축복을 기대할 권리는 없다고 생각한다. 그들은 아주 이성적으로 말한다. "나의 불운한 상황, 불행한 성향, 실제에 대한 나의 부족함, 그리고 유사한 어려움은 내가 이러한 이상을 인식하지 못하도록 만든다. 하나님은 나에게서 이것을 기대하지 않으실 것이다. 하나님은 내가 충만한 축복을 얻도록 예정해 놓지 않으셨다."

이러한 피상적인 견해가 당신 자신을 속이지 않게 하라. 공동체의 모든 교인, 심지어 아주 소수의 교인조차도 전체 공동체가 건강해지기 이전에 먼저 그들 자신이 건강해져야 한다. 성령의 내주하심과 충만하심은 그리스도 전체 몸의 건강이다. 만약 당신이 그 공동체의 아주 중요한 구성원이라면 그 축복은 당신을 위한 것이다. 하나님 아버지는 예외 취급을 하지 않으신다. 보편적으로 개인을 위한 은사, 소명, 상황 등에서는 차이가 있을 수 있다. 하지만 성령님의 완전한 치유 하심과 충만한 기쁨 가운데 선택한 하나님의 모든 자녀를 위한 아버지의 사랑과 열망에는 아무런 차별이 없다.

그러므로 우리는 다음과 같은 확신을 반복해서 표현하고 되풀이

함으로써 익혀야 한다. "충만한 축복은 나를 위한 것이다. 내 아버지는 내가 성령으로 충만해지기를 간절히 열망하고 계신다." 그 축복은 우리의 완전한 동의를 얻기 위해 우리 앞에 놓여 있다. 우리는 우리 자신을 타락하게 만든 불신앙과 죄책감으로 인해 그 축복을 거절할 권리가 없다. 우리는 단순히 우리 앞에 놓인 그 축복을 받아들이기만 하면 된다. 온 마음을 다해 이렇게 외치기만 하면 된다. "성령 충만함의 축복은 나를 위한 것이다!"

어떤 그리스도인들은 이런 축복을 받기 위해 일반적으로 그 축복을 받을 만한 상황이 되는 믿음, 순종, 겸손, 사랑 등을 위해 다양한 노력을 기울인다. 그리고 성공하지 못했을 때 자신을 책망하고 싶은 유혹을 느낀다. 만약 그가 전적으로 절망하지 않는다면 더 강한 노력과 더욱 큰 열망이 그 자신으로부터 일어날 것이다.

물론 이렇게 분투하는 모든 게 전혀 가치가 없거나 유용하지 않은 것은 아니다. 그것은 율법에서 말한 바로 그 일을 행하는 것이다. 그것은 우리가 우리의 전적인 무기력함을 인정하게 만든다. 그것은 자신의 절망을 통해 하나님께서 기꺼이 모든 것을 주시려고 기다리고 계시는 그 장소로 우리를 인도한다. 그러나 우리에게는 다음과 같은 깨달음이 전적으로 필요하다. "나는 이러한 축복을 나 자신에게 수여할 수도 없고, 또한 그 축복을 취할 수도 없다. 그것은 오직 하나님이 내 안에서 역사하셔야 되는 은혜이다!"

오순절의 축복은 제자들의 영혼 안에서 일어난 하나님의 초자연적인 은사와 기적적인 행위였다. 모든 영혼 속에 있는 하나님의 생명은 예수 그리스도 안에서 그 생명이 처음 나타난 바 되었을 때만큼이나 진실한 하나님의 사역을 수행한다. 그리스도인들은 마치 동정녀 마리아가 하나님의 초자연적인 능력을 통해 아기 예수를 가질 수 있었던 것과 마찬가지로 자신의 영혼 속에서 성령의 충만한 생명이 결실을 맺을 수 있도록 스스로 행동할 수 없다.

"마리아가 이르되 주의 여종이오니 말씀대로 내게 이루어지이다 하매 천사가 떠나가니라"(눅 1:38).

오직 마리아처럼 우리는 그 축복을 단지 하나님의 선물로써 받을 수 있다. 이러한 신령한 축복은 죽음의 권세로부터 예수님을 부활시킨 하나님의 신성한 사역만큼이나 하나님의 전적인 은혜로서 나눠주시는 것이다. 예수 그리스도는 죽음으로 내려가셔야 했다. 예수님은 하나님으로부터 새 생명을 받기 위해 자신의 생명을 포기하셔야만 했다. 우리 역시 마찬가지다. 우리는 하나님의 전능하심으로 말미암아 거저 주시는 선물로써 이러한 충만한 축복을 받기 위해 하나님의 모든 능력과 소망 앞에 자신의 모든 것을 포기해야 한다. 우리의 전적인 무기력에 대한 인정, 진정한 자기 절망은 이러한 초자연적인 축복을 받아 누리기 위해 필요한 과정이다.

오순절의 축복을
당신의 것으로 만들라

오순절의 충만한 축복은 아주 값비싼 것이다. 우리는 오순절의 축복을 소유하기 위해 모든 것을 팔아야 하고, 모든 것을 버려야 한다. 우리의 본성이 가진 모든 능력, 우리 삶의 모든 순간, 우리 몸과 영과 혼의 모든 종교적인 행위를 하나님 영의 능력 아래 복종시켜야 한다. 하나님을 떠난 독립적인 지배력과 독립적인 힘은 어떤 곳에도 존재할 수 없다. 모든 것은 성령의 인도하심 아래 있어야 한다. 그렇기에 우리는 진실로 다음과 같이 고백해야 한다. "무슨 일이 있어도 나는 충만한 축복을 소유하기 위해 결단할 것이다!" 오직 모든 것이 전적으로 비어 있는 그릇만이 이러한 살아 있는 생명수로 충만해질 수 있고, 또 흘러넘칠 수 있다.

우리는 의지와 행동 사이에 커다란 차이가 있다는 사실을 인정해야 한다. 심지어 하나님의 뜻이 부여되어 있을 때조차도 항상 그 행동이 즉시 뒤따르지 못한다. 성령은 우리가 어느 곳에서든지 하나님이 행하신 그 뜻에 순종하게 하신다. 하나님의 바로 앞에서 우리의 신앙고백을 공개적으로 표현하게 하신다. 따라서 우리가 비록 그것을 성취하기 위한 능력을 소유하지 못했더라도 모든 것을 내려놓을 준비가 신실하게 되어 있다면 우리 영혼에 성령의 충만함이 즉시 임할 것이다.

판매대금이 항상 일시금으로 지불되는 것은 아니다. 그럼에도 구매자는 계약이 체결되고, 대금에 대한 보증이 이루어지자마자 물건에 대해 소유자가 된다. 오, 믿는 자들이여! 바로 지금 당장 고백하라. "무슨 일이 있더라도 나는 충만한 축복을 소유할 것이다!" 예수님은 우리가 풍부한 모든 것을 얻기 위한 능력을 소유하게 될 보증이시다. 하나님의 바로 앞에서 확신과 인내심을 갖고 당신의 결정을 표현하라. 먼저 당신 자신의 양심에서 그것을 되풀이해서 다짐하라. 그리고 다음과 같이 또 외치라. "나는 값비싼 진주를 구하는 구매자이다. 나는 오순절의 충만한 축복을 얻기 위해 모든 것을 바쳤다. 나는 그것을 가져야 한다. 그리고 주실 것이라고 하나님이 말씀하셨다. 이러한 다짐 때문에 나는 주님 안에 머무르고 있다!"

믿음으로 말미암은 축복의 사용과 그 축복의 실제적인 경험 사이에는 큰 차이가 있다. 가끔 그리스도인들은 자신에게 약속된 것을 느끼거나 즐거워하는 경험을 즉시 하지 못할 때 용기를 잃고 절망하게 된다. 그러나 우리가 오순절의 충만한 축복을 위해 모든 것을 버렸다고 말할 때, 그것을 내버렸다고 생각할 때 그 순간으로부터 하나님이 우리의 제안을 받아주실 것이며, 우리에게 성령의 충만함을 즉시 부어주실 것을 믿어야 한다.

처음부터 우리의 행위나 일상에서 어떤 두드러진 변화를 쉽게 발견할 수는 없을 것이다. 마치 우리 안에 있는 모든 것이 옛날의 상태로 그대로 남아 있는 것처럼 보일 수도 있다. 그때가 바로 믿음으로 견뎌내야 할 시기다. 포기하지 말고, 믿고 배워야 할 때다. 하나님이 하늘나라에서 우리의 모든 순종을 확실하고 완벽한 변화로 받아들이실 때까지 예수님으로부터 배우고 또 배워야 한다. 믿음 안에서 하늘의 보화를 얻기 위해 모든 것을 사들였던 사람처럼 자신의 내면을 확신하고 또 확신하며 믿어야 한다.

진정한 믿음은 우리를 약속의 실제적인 상속으로 이끈다. 그 약속의 경험과 즐거움으로 이끈다. 경험으로 이끌지 못하는 믿음을 가지고 만족하며 안심해서는 안 된다. 하나님이 진실로 거룩한 방법으로 우리에게 그 자신을 드러내실 수 있다는 충만한 확신 속에서 믿음으로 하나님을 신뢰해야 한다. 그 진행 과정이 우리에게 너무 광대하고 너무 놀랍고 참으로 불가능하게 보일지도 모른다. 그러나 두려워하지 말라. 우리가 성령으로 충만하게 되기를 하나님께 구했다는 사실을 더 분명히 분별하면 할수록 하나님의 기적적인 은혜가 무엇인지를 더욱 분명하게 깨닫고 느끼게 될 것이다.

그러나 우리 안에는 이러한 축복이 갑자기 일어나는 것을 방해하는 알지 못하는 것들이 있을 수 있다. 그 방해물은 우리가 하나님을 떠나 세상에 굴복하게 만든다. 그 방해물은 우리를 죄악 속에서 허덕이게 만든다. 우리는 그 방해물을 하나님의 태연함과 하나님의 사랑의 불꽃 속에서 전멸시켜야 한다. 우리의 기대를 오직 우리의 주인 되시는 하나님께 고정시켜야 한다. 십자가에 달려 죽으신 예수님을 영광의 생명으로 다시 살리신 하나님은 우리 안에 신령한 축복이 기적적으로 일어나도록 하실 것이다. 그때 우리는 성령으로 충만하게 된다. 이성적으로가 아니라 경험적으로, 실제로 성령을 받았다는 사실을 알게 될 것이다.

하나님은 우리가 성령으로 충만해지기를 열망하고 계신다. 하나님은 성령의 능력으로 우리의 모든 성향과 생명을 주관하고 계신다. 만약 우리가 진정으로 그것을 소유하기를 열망한다면 하나님께 요청해야 한다. 우리 안에 확실한 대답이 있도록 해야 한다. 우리 안에 있는 모든 것이 다음과 같이 외치도록 해야 한다. "하나님, 전심으로 성령을 소유하기를 원합니다!"

하나님께서 우리에게 하신 이러한 약속이 인생에서 가장 중요한 일이 되게 해야 한다. 가장 귀중하며, 우리가 추구해야 하는 일 중에서 유일한 일이 되게 해야 한다. 성령 충만을 생각하고 그것에 대해 기도하는 것으로 만족해서는 안 된다. 지금 즉시 선택한 것을 틀림없이 허락하시는 하나님과의 긴밀한 관계 속으로 들어가야 한다.

우리가 이러한 선택을 하게 되었을 때 우리는 전능하신 하나님의 기적적인 축복을 믿는 믿음으로 확실히 나아가게 될 것이다. 우리가 더욱 진지하게 그러한 믿음을 훈련하면 할수록 그것은 우리의 마음이 전적으로 더 비워져야 한다는 사실을 가르쳐줄 것이다. 모든 속박으로부터 더 자유로워져서 성령으로 충만하게 채워져야 한다는 사실을 우리에게 가르쳐줄 것이다. 우리는 그러한 축복이 확실히 온다는 사실을 당연한 일로 여기게 될 것이다.

"이에 예수께서 제자들에게 이르시되 누구든지
나를 따라오려거든 자기를 부인하고 자기 십자가를 지고
나를 따를 것이니라. 누구든지 제 목숨을 구원하고자 하면
잃을 것이요 누구든지 나를 위하여
제 목숨을 잃으면 찾으리라"(마 16:24-25).

04

그 풍성함으로
능력 있는 삶을 살라

The Believer's Secret of Holiness _ Part 4

이로 말미암아 내가 또 이 고난을 받되 부끄러워하지 아니함은 내가 믿는 자를 내가 알고 또한 내가 의탁한 것을 그날까지 그가 능히 지키실 줄을 확신함이라. …우리 안에 거하시는 성령으로 말미암아 네게 부탁한 아름다운 것을 지키라. 디모데후서 1:12,14.

오순절의 축복은 사용되어야 하는 달란트로써 우리에게 위임되었다. 그 축복은 받아 누림으로써 더 풍성한 능력 있는 삶을 살 수 있게 되었다. 예수 그리스도는 성령으로 더불어 세례를 받으신 후에 성령이 이끄시는 대로 순종하고 복종함으로써 완전하게 되셨다. 오순절의 충만한 축복을 받은 우리 그리스도인들도 예수님에게서 위탁받은 보증을 오롯이 지켜야 한다.

성경은 "어떻게 영적으로 성장할 수 있는가?"라는 질문에 대해 우리의 영적 생활을 주님에게 확실히 맡길 수 있다는 사실을 지적한다.

"이로 말미암아 내가 또 이 고난을 받되 부끄러워하지 아니함은
내가 믿는 자를 내가 알고 또한 내가 의탁한 것을 그날까지 그가
능히 지키실 줄을 확신함이라. …우리 안에 거하시는 성령으로
말미암아 네게 부탁한 아름다운 것을 지키라"(딤후 1:12,14).

이와 관련해서 사도 유다는 주님에 대하여 "하나님의 사랑 안에
서 자신을 지키며 영생에 이르도록 우리 주 예수 그리스도의 긍휼을
기다리라. …능히 너희를 보호하사 거침이 없게 하시고 너희로 그
영광 앞에 흠이 없이 기쁨으로 서게 하실 이"(유 1:21,24)라고 고백
했다.

오순절의 축복을 영적으로 성숙시키기 위한 중요한 비밀은 우리
를 지키시는 예수님께 겸손히 의지하는 훈련에 있다. 성령으로 말미
암아 우리 자신이 주님과 더욱 친밀한 교제를 유지하는 데 있다. 광
야에서 만나가 내렸던 것처럼 이러한 축복은 날마다 하늘로부터 내
려오는 새로운 것이다. 비록 우리가 이 세상에 살고 있다 하더라도
매 순간 위로부터 새롭고 신령한 성령을 받을 수 있다. 우리는 이러
한 성령님의 임재가 어떻게 중단 없이 연속적으로 우리에게 주어지
는지 주의 깊게 살펴야 한다.

예수님은 이스라엘을 지키시는 분이다. 이것은 하나님의 이름이

며 하나님의 사역이다. 하나님은 이 세상을 창조하셨을 뿐 아니라 또한 그것을 지키며 유지하고 계신다. 예수님은 단순히 오순절의 축복을 주시는 것만으로 만족하지 않으신다. 예수님은 매 순간 그 축복이 유지되고 지속하길 원하신다. 성령은 어떠한 의미에서 우리를 복종시키는, 우리에게 위임하는, 혹은 우리에 의해 사용되는 그런 능력이 아니다. 성령은 우리 위에서 기운을 북돋우고 격려하는 능력이다. 매 순간 하나님의 일을 추진하는 능력이다. 우리의 올바른 믿음은 항상 우리 자신이 아무것도 아니며, 무능력한 존재로서 가장 깊은 곳에서부터 하나님을 의지하는 존재임을 인정하는 것이다.

만약 우리가 이런 하나님의 진리를 분별할 수 없다면 우리는 이런 충만한 축복을 받는 데 있어서 항상 두려움을 느낄 것이다. 그런 사람들은 이렇게 말하고 싶을 것이다. "나는 계속해서 거룩한 생활을 할 수 없습니다. 나는 항상 높이 나는 비행기만 탈 수는 없습니다." 그러나 이러한 생각은 인간이 위대한 현실 앞에서 얼마나 연약한 것을 붙들고 사는지를 보여주는 방증이다. 예수님이 성령으로 말미암아 우리의 마음속에 거주하게 되셨을 때, 우리 안에 살기 시작하셨을 때 예수님은 그 시점부터 충만한 축복을 실제로 지속시키셨다. 우리의 내적 삶 전체를 하나님의 특별한 보호 하심에 맡기셨다.

오순절의 축복에 대한 기쁨은 비록 그것이 경계심을 완전히 배제하는 것은 아니라 할지라도 두려움으로부터 자유로워지는 삶이다. 그것은 계속된 즐거움을 불러온다. 예수님은 거룩한 성전 안으로 들어오셨다. 예수님은 그곳에 거주하실 것이며, 모든 것을 성취하실 것이다. 그러기 위해서 예수님은 우리가 주님을 신실한 목자와 전능한 보호자로 존경하고 갈망하길 원하신다.

예수님은 그 축복을 계속 유지시키신다

사도 바울은 회심 후 자신의 믿음에 대하여 이렇게 고백했다.

> "내가 그리스도와 함께 십자가에 못 박혔나니 그런즉 이제는 내가 사는 것이 아니요. 오직 내 안에 그리스도께서 사시는 것이라. 이제 내가 육체 가운데 사는 것은 나를 사랑하사 나를 위하여 자기 자신을 버리신 하나님의 아들을 믿는 믿음 안에서 사는 것이라"(갈 2:20).

바울의 믿음은 생활과 사역의 필요만큼 그렇게 광대하고 무한한 것이었다. 바울은 중단하지 않고 언제나 해야 할 모든 사역에 있어 예수님 안에서 모든 것을 신뢰했다. 바울의 믿음은 예수님으로부터 흘러나오는 능력만큼이나 그렇게 넓고 풍부한 것이었다. 바울은 자신의 전 생애를 예수님께 바쳤으며, 더는 그 자신을 내세우지 않았다. 그는 신실한 믿음으로 자신의 모든 것을 남김없이 예수님께 바쳤다.

성령의 충만함은 하늘의 신령한 생명의 한 부분으로써 한 번 받고 마는 그런 은사가 아니다. 그것은 하나님의 어린 양 보좌 옆 생명수 강물의 줄기로부터 계속해서 흘러나오는 것이다. 그것은 예수님의 생명과 사랑의 중단되지 않는 친밀한 관계이다. 그것은 이 땅에 있는 그 자신과 주님과의 가장 인격적이고 가장 친밀한 교제이다. 예수님은 우리의 믿음이 이러한 진리를 분별하고, 그 진리와 함께 즐거워하는 한 확실하게 하나님의 사역을 계속하실 것이다.

예수님은 이러한 축복을 그 자신과의 교제 안에서 유지하신다. 오순절의 축복이 주어진 유일한 목적은 예수님을 구세주로서 계시하는 것이다. 예수님은 이 세상에 있는 우리 안에서, 우리로 말미암아 영혼들을 구속하기 위하여 자신의 능력을 나타내신다. 성령님은 단순히 예수님이 계신 장소를 점유하기 위해 오신 것이 아니다. 우리와 주님과의 관계가 예수님께서 이 세상에 계실 때보다 더 완전하게 연합되게 하려고 오신 것이다.

하늘로부터 내려오는 그 능력 안에서 예수님과 성령은 불가분의 밀접한 관계를 맺고 있다. 성령의 모든 작용은 우리 안에서 하나님이 직접 역사하고 계신 결과이다. 우리 안에 있는 성령님은 항상 예수님을 영화롭게 하시며, 오직 그분만이 홀로 주님 되신다는 사실을 깨닫게 해주신다. 내적인 깊은 골방에서 하나님과의 친밀한 교제,

하나님의 말씀을 연구하는 깊은 신실함, 성경 속에서 하나님의 뜻을 알기 위한 추구, 예수님이 우리를 터치하시도록 시간 등을 투자하는 모든 것은 오순절의 풍성한 축복을 위해 절대적으로 필요한 일들이다. 만약 우리가 이러한 것들을 우리의 삶에서 행한다면 우리는 위로부터 내려오는 하나님의 보호하심을 경험하게 될 것이며, 오순절의 축복을 계속 유지할 수 있을 것이다.

그 축복은 순종에 관한 것이다

예수 그리스도께서 성령을 보내겠다고 약속하셨을 때 그 축복은 순종에 관한 것이라고 세 번이나 말씀하셨다.

> "너희가 나를 사랑하면 나의 계명을 지키리라. 내가 아버지께 구하겠으니 그가 또 다른 보혜사를 너희에게 주사 영원토록 너희와 함께 있게 하리니 그는 진리의 영이라. 세상은 능히 그를 받지 못하나니 이는 그를 보지도 못하고 알지도 못함이라. 그러나 너희는 그를 아나니 그는 너희와 함께 거하심이요 또 너희 속에 계시겠음이라"(요 14:15-17).

이런 예수님의 말씀에 대해 베드로도 이렇게 화답했다.

"우리는 이 일에 증인이요. 하나님이 자기에게 순종하는 사람들
에게 주신 성령도 그러하니라 하더라"(행 5:32).

우리는 예수님이 자신에 대해 말씀하신 것을 읽을 수 있다. 예수
님은 죽음으로 순종하셨다. 그로 인해 하나님은 예수님을 높여 존귀
하게 하셨다. 순종은 하나님이 명령하신 것이다. 순종은 타락으로
말미암아 잃어버린 것을 다시 얻는 길이다. 예수님은 그 순종의 능
력을 회복하기 위해 이 땅에 오셨다. 그것은 예수님 자신의 생명이
었다. 오순절의 축복은 순종을 떠나서는 올 수도, 머물 수도 없다.

순종에는 두 종류가 있는데, 하나는 아주 불완전한 것으로 오순
절 이전에 제자들이 가졌던 순종과 같은 것이다. 제자들은 주님이
말씀하신 것을 행하기 위해 마음으로는 열망하였지만, 그들에게는
그 말씀을 행할 능력이 없었다. 하지만 예수님은 그들의 열망을 순
종으로 행할 수 있다고 말씀하셨다. 또 다른 순종은 새로운 능력이
완전한 순종으로 인해 주어진 것이다. 바로 이 순종은 예수님이 하
나님의 뜻에 순종함으로써 오순절에 성령의 충만함이 임하면서 더
욱더 풍성한 생명이 있게 하는 순종이었다.

그렇기에 오순절의 충만한 축복의 특징은 아주 미세한 것에도
순종하는 것이다. 예수님의 음성을 듣기 위해, 성령님의 음성을 들

기 위해, 양심의 소리를 듣기 위해 예수님은 우리를 이끄신다. 우리 안에서 오순절의 생명을 확실하고 강하게 하는 방법은 예수님을 알아가는 것이며 그분을 사랑하는 것이다. 순종하는 자로서 하나님을 아주 기쁘시게 하는 순종으로 예수님을 받아들이는 것이다.

예수님은 순종에 대한 이러한 훈련을 위해 하나님을 신뢰하고, 하나님으로부터 모든 것을 기대할 수 있는 능력을 우리에게 부여하셨다. 강한 의지는 강한 믿음이 필요하다. 그것은 순종 안에서 그 의지가 하나님을 신뢰할 수 있을 때 최대한 강해진다. 이것이 바로 예수님이 우리를 영원히 풍성한 축복으로 인도하실 수 있는 유일한 길이다.

맨 처음 하나님의 충만한 축복을 추구할 당시, 우리는 먼저 자신을 생각했다. 심지어 새로운 경험으로써 그 축복을 받은 후에도 우리는 여전히 어떻게 그 축복을 혼자서 스스로 안전하게 지킬 수 있을지 단순하게 지켜보기만 했다. 그러나 성령께서 몸에 속한 구성원들이 몸에서 분리된 상태에선 건강한 생명수를 누릴 수 없다는 사실을 가르치셨고, 비로소 우리는 한 몸과 한 성령이 있다는 사실을 이해하기 시작했다. 이처럼 성령의 충만함을 누림에 있어 몸의 연합을 인식하는 것은 매우 중요하다.

이러한 원리는 충만한 축복을 유지하는 데 있어서 또 다른 교훈을 가르쳐준다. 우리가 가진 모든 것은 다른 성도들에게 속해 있어야 하고, 다른 성도들의 섬김을 위해 사용되어야 한다는 것이다. 그리고 다른 성도들이 가진 모든 것은 우리에게 속해 있어야 하고, 우리에게서 불가불 떨어질 수 없다는 것이다. 주님의 몸으로서 성령은 몸의 구성원들이 일치하여 조화롭게 일할 때만이 효과적으로 사역하실 수 있다.

우리는 예수님이 하신 일과 우리를 위해 중보기도를 하고 계시며, 우리와 교제하기를 원하신다는 사실을 다른 성도들에게 고백해야 한다. 예수님이 우리에게 부여하신 사명을 다른 성도들과 함께 성실히 수행해야 한다. 예수님은 사랑이 가장 위대한 일이라고 말씀하시면서 그 의미를 우리에게 가르쳐주셨다. 그렇기에 하나님 교회의 성숙을 위해 우리가 얼마나 사랑하고 순종하는가에 대한 그 깊이에 따라 하나님은 우리 안에 그 축복을 증가시켜주실 것이다.

예수 그리스도의 이름에는 영혼을 구원하시는 하나님의 사역에 대한 전반적인 신성함이 내포되어 있다. 이러한 목적 때문에 예수님께서 이 세상에서 사셨던 것이다. 이러한 이유로 예수님이 하늘나라에 거하시는 것이다. 영혼 구원과 하나님의 사역에 목적이 있는 성령 이외에 어느 누가 예수님의 영을 소유하려는 소망을 품을 수 있겠는가? 그것은 불가능한 일이다. 그러므로 우리는 처음부터 성령님의 사역에 아주 밀접하게 결합시키는 이러한 두 가지 측면을 유지해야 한다. 우리 안에서 성령이 어떤 역사를 하고 계시는가? 우리는 성령으로 말미암아 우리 자신이 하나님의 사역에 사용되고 있다는 사실을 나타내야 한다.

하나님의 거룩한
능력으로 말미암아

예수님이 우리의 보호자로 언급될 때마다 이 세상에 사는 우리가 끊임없이 하나님의 능력 아래에서 우리 자신을 진정으로 알 수 있다는 사실이 종종 믿기 어려울 때가 있다. 그러나 성령이 우리에게 계시하시고, 예수님이 우리 안에 계실 때 그 진리가 얼마나 더 분명해지며 영화로울 수 있겠는가? 예수님은 우리 안에 계신다. 집에 거하는 주인처럼, 컵 안에 있는 물처럼 우리 안에 거하신다. 더욱이 예수님은 영혼이 몸 안에서 모든 부분을 움직이는 것처럼, 그리고 서로가 절대 분리될 수 없는 것처럼 우리 안에 계신다.

그렇다. 예수님은 자신의 성품이 우리의 모든 성품 안에 깊이 스며들게 하려고 우리 안에 거하신다. 성령님은 예수님을 우리 안에서 깊이 나타내시려는 목적으로 오셨다. 태양은 우리보다 훨씬 더 높은 곳에 있다. 그 태양의 열은 우리의 뼈와 골수를 관통한다. 우리의 생명에 활력을 준다. 마찬가지로 하늘 높은 곳에서 존귀하심을 받고 계신 예수님은 우리의 모든 의지와 생각, 감정이 예수님에 의해 움직여질 때까지 하나님의 성령으로 말미암아 우리의 모든 성품을 관통하신다.

이러한 사실을 완전히 붙잡기만 한다면 우리는 자신을 죽이고, 더는 다른 사람들을 의지하여 우리의 외적인 삶을 유지하려고 생각하지 않을 것이다. 우리는 거룩한 방법으로 우리의 마음을 정복하신 성령님에 따라 우리의 생명이 생기를 얻게 되었다는 사실을 확신할 것이다. 그때 우리는 내주하시는 예수님이 그 축복을 지켜주시며, 성령의 충만함을 유지시켜주시는 것이 얼마나 당연한 일인지, 얼마나 확실한 일인지, 얼마나 놀라운 축복인지를 깨닫게 된다.

형제들이여, 충만한 축복 속에서 이런 생명을 갈망하는 가운데 아직도 성령 안으로 들어가기 위하여 어떻게 인내해야 하는지를 알지 못해 두려워하는 사람이 있는가? 예수님께서 이런 축복을 계속해서 확실하게 해주실 것이다. 어떤 점에서 그 충만한 축복을 갈망하는 우리 가운데 그 비밀을 이해하지 못하는 사람이 있는가? 그 축복은 다음과 같은 것이다. 즉 예수 그리스도께서 육체적인 방식으로 제자들과 함께하셨던 것처럼 예수님은 우리 안에서 성령으로 말미암아 그분의 생명이 매일매일 거하며 살도록 하실 것이다.

누구도 산의 정상에 도달하기 전까지는 정상에서 볼 수 있는 모든 것을 이해할 수는 없다. 비록 우리가 모든 것을 다 이해하지 못한다고 하더라도 주님이 우리를 지키고 보호해주시기 위해 성령을 보내셨다는 사실을 믿어야 한다. 우리는 이런 이유로 그분을 신뢰하는 것이다. 하나님이 우리 안에서 영원한 생명수가 흘러나오게 하는 샘의 근원인 것처럼 우리의 모든 무거운 짐을 그분에게서 오는 이런 축복을 받기 위해 내려놓아야 한다.

예수께서 이르시되 나는 생명의 떡이니 내게 오는 자는 결코 주리지 아니할 터이요 나를 믿는 자는 영원히 목마르지 아니하리라. 요한복음 6:35. 나를 믿는 자는 성경에 이름과 같이 그 배에서 생수의 강이 흘러나오리라 하시니. 요한복음 7:38.

오순절의 충만한 축복이 지금도 여전히 증가할 수 있는가? 충만한 축복이 여전히 더욱더 충만해질 수 있는가? 그렇다. 의심할 여지가 없다. 특별히 오순절의 충만한 축복이 항상 흘러넘치는 것은 그렇게 충만하게 될 수 있다는 사실을 말해준다. 우리를 축복하셨던 예수님에 대해 언급한 위의 말씀들은 우리에게 이중의 축복을 가르쳐준다.

첫째, 예수님을 믿는 자는 영원히 목마르지 않을 것이라는 사실을 가르쳐준다. 예수님을 믿는 자는 자신의 필요가 충족되는 기쁨을 누릴 것이며, 더 위대해지고, 더 영광스러워질 것이다. 둘째, 그 생수가 다른 사람들에게 흘러넘칠 것이라는 사실을 가르쳐준다. 예수님으로부터 생수를 받은 믿는 자는 그 생수가 자신의 마음으로부터 다른 사람들의 목마름을 충족시킬 수 있도록 흘러넘칠 것이다.

여기서 충만한 것과 흘러넘치는 것 사이에는 차이가 있다. 처음에는 그 그릇이 충만할 수 있지만 아직은 다른 사람들을 위해 남겨놓은 것이 하나도 없을 수 있다. 그러나 그것이 계속해서 충만해지고 다른 사람들을 위해 무엇인가를 갖게 되었을 때 그에게서 가득차서 넘쳐야 하며 계속해서 흘러넘쳐서 공급되어야 한다. 이것이 바로 예수님이 믿는 제자들에게 약속하셨던 것이다.

예수님을 믿는 신앙은 맨 처음 우리에게 영원히 목마르지 않은 축복을 주셨다. 그러나 우리가 믿음 안에서 성장하고 더 강하게 됨에 따라 그것은 다른 사람들에게도 흘러넘쳐서 그것으로부터 그들에게 생명수 샘의 근원이 되게 하셨다. 먼저 우리에게 채워졌던 그 성령은 우리로부터 주변에 있는 다른 영혼들로 흘러넘쳐야 한다.

생명수 강물은 이 세상에 있는 많은 샘의 근원과 비교될 수 있다. 우리가 그 샘물을 열기 시작했을 때 그 샘은 연약했다. 그러나 그 물이 사용되면 될수록, 그 샘이 깊이 있게 열리면 열릴수록 그 강물은 더욱더 강하게 흘러넘칠 것이다. 우리는 영적인 세계에서 성령의 충만함이 우리로부터 계속해서 흘러넘치도록 하는 데 필요한 것이 무엇인지를 발견해야 한다. 다음에 제시하는 몇 가지 지침은 우리가 이러한 믿음에 도달하도록 하는 데 도움을 준다.

이미 소유한 것을
강하게 붙들라

우리는 하나님이 우리에게 주신 축복을 오해하지 않도록 주의해야
한다. 우리 안에 충만한 축복이 무엇인지에 대해 잘못된 개념이 형
성되지 않았는지 확인해야 한다. 오순절의 기쁨과 능력이 즉시로 느
껴지고 보일 수 있는 것으로 생각하지 말아야 한다. 그렇다. 오늘날
의 우리는 생기 없는 단조로운 신앙생활에 빠져 있다. 그리고 그 회
복은 아주 느리게 다가온다.

처음에 사람들은 마치 씨와 같은 충만한 축복을 받는다. 생기 있
는, 살아 있는 영혼들은 그것을 갈망한다. 그들은 그 축복을 위해 자
신을 무조건 복종시킨다. 그들은 침묵하는 가운데 하나님이 자신의
헌신을 받아주시고, 하나님의 약속으로 채워주실 것을 믿는다. 그들
은 믿음 안에서 "성령의 충만한 축복은 나를 위한 것이다"라고 말하
면서 조용하고 행복하게 자신의 축복된 길을 걷는다.

그러나 그 축복의 실제적인 경험들은 그들이 예상했던 것처럼
그렇게 나타나지 않는다. 그 결과, 그들 자신의 순종이 실제 현상이
아니라 단지 순간적인 감정이 아니었는지 의심하고 두려워하게 된

다. 그들은 충만한 그 축복이 이전에 자신들이 받았던 그 축복보다 더 위대하고, 더 능력 있을 것으로 생각했었다. 이러한 낙심으로 인해 머지않아 축복은 위대하기는커녕 하찮은 것이 되고 만다. 그들은 앞으로 나아가기보다는 오히려 뒤로 후퇴하게 된다.

이러한 현상이 나타나는 원인은 믿음이 부족하기 때문이다. 우리는 하나님이 우리 안에서 판단하고 역사하시는 일들을 직접 눈으로 보고, 느낌으로써 결심하려고 한다. 우리는 하나님이 역사하시는 그 모든 과정이 믿음의 역사라는 사실을 자주 잊어버리곤 한다. 그러나 비록 아주 위대한 믿음의 성장을 가져온 그리스도인 안에서도 믿음은 하나님의 사역에 대해, 혹은 그 경험 때문에 눈에 보이는 것에 의존하지 않는다. 그 믿음은 영적이고, 보이지 않으며, 깊이 숨겨진 이해할 수 없는 하나님의 사역에 의존한다.

당신은 절망의 때에 그 약속에 근거하여 진실한 삶이 회복되기를 열망하고 있는가? 나의 권고는 만약 하나님이 당신에게 완전한 마음을 부여해주셨다는 사실을 믿는다면 당신은 하나님 앞에서 잠잠히 하나님의 성실하심을 굳게 붙잡으라는 것이다. 이렇게 행함으로써 당신은 하나님을 경험하게 될 것이다.

만약 하나님 앞에서 자신을 비어 있는 순결한 그릇처럼 내놓은 사실을 확신할 수 있다면 계속해서 우리 자신을 그렇게 간주하고 하나님 앞에서 잠잠함을 유지해야 한다. 만약 하나님이 우리를 받으시고 순결한 그릇으로 만드셨다면, 즉 예수 그리스도를 통해, 그분에 대한 전적인 순종으로 말미암아 순결해진 바로 그런 그릇으로 채워 주시기 위해 받아들이셨다는 사실을 믿기만 한다면 우리는 매일 이런 믿음 안에서 살아갈 수 있다. 이러한 축복이 성장하기를 기대할 수 있다. 축복이 흘러넘치는 것을 오롯이 바라볼 수 있다. "나를 믿는 자는 성경에 이름과 같이 그 배에서 생수의 강이 흘러나오리라 하시니 이는 그를 믿는 자들이 받을 성령을 가리켜 말씀하신 것이라"(요 7:38-39).

자신을 포기하고
내면을 비우라

우리는 순종을 통해서 하늘나라에 있는 이러한 보물을 얻기 위해 모든 것을 버리고 희생할 준비가 되어 있다고 진실로 정직하게 고백했다. 이러한 거룩한 헌신은 하나님에게 받아들여지는 것이다. 그러나 우리는 사용되는 말들의 중요성을 아직 충분히 이해하지 못하고 있다. 주님은 여전히 우리에게 개인적인 자아가 무엇인지, 우리의 본성 안에 그것이 어떻게 깊이 뿌리 내리고 있는지, 그것이 어떻게 깊이 숨겨져 있을 뿐만 아니라 완전히 부패되어 있는지에 대해 많은 것을 가르치길 원하신다.

우리는 계속해서 성령으로 말미암아 자신의 생명을 매일 부정하기 위한 공간을 만들려고 노력해야 한다. 그러면 하나님이 항상 그 빈 곳에 찾아오셔서 그곳을 채워주신다. 그러기 위해서 우리는 알고 있는 한 모든 것을 용서하고 희생해야 한다. 성령의 가르침을 받아들여야 한다. 성령님은 우리를 친히 인도하신다. 모든 희생과 헌신이 우리 삶에 습관처럼 형성될 때 우리는 그 축복이 마치 흘러넘치는 시냇물처럼 일시에 쏟아져 나오는 것을 볼 수 있다.

우리는 때때로 아주 작고 사소한 일이 축복의 능력을 계속해서 방해하는 것을 보고 놀란다. 그것은 그리스도의 율법에 따라 서로 용서하지 않고 포용하지 않으려는 친구들 사이의 사소한 다툼일 수도 있다. 그것은 가장 낮은 자리에 처할 준비가 되어 있지 않은 과도한 민감함이나 야망에 대한 묵시적 타협일 수도 있다. 그것은 마치 우리 자신의 것인 양 소유하고 사용되는 세상의 재물일 수도 있다. 그것은 합법적인 일, 그 자체가 결백한 것과 관련되어 있을 수도 있다. 그것은 또한 의심하는 일과 관련되어 있을 수도 있다.

이러한 일들 속에서 우리는 너무나 쉽게 육신의 정욕에 빠져 무너지게 된다. 그것들은 하나님의 성령에 의해 인도함을 받고 있다고 고백하는 우리의 신앙과 조화를 이룰 수 없다. 예수님께서 이 세상에 계시는 동안 가난하게 지내셨던 것처럼 우리는 우리가 소유한 하늘의 신령한 것들이 우리의 모든 욕구를 만족시키기 위해 그 자체로서 충분하다는 사실을 인정해야 한다.

당신은 진정으로 성령의 축복을 충만히 누리기를 열망하고 있는가? 그렇다면 유혹이 다가오기 전에 먼저 예수님을 닮고 완전한 제자가 되어 모든 것을 버리기 위해 자기 자신을 훈련해야 한다. 이러한 훈련의 삶 속에 백배의 축복을 주시겠다고 하신 예수님의 확실한 약속 때문에 강해져야 한다. 그 확실한 약속을 붙잡아야 한다. 그러면 충만한 축복이 흘러넘칠 정도로 우리에게 주어질 것이다.

하나님은 사랑이시다. 하나님의 전 존재는 창조물의 생명이 되기 위한 그 피조물이 그분의 거룩함과 축복에 참여하게 하기 위한 사랑 안에서 자신의 복종이셨다. 하나님은 살아 있는 모든 사람을 축복하고 섬기셨다. 하나님으로서 예수님의 영광은 창조세계에 놓여 있는 모든 것 안에 있다.

예수 그리스도는 하나님의 사랑스러운 아들이셨다. 또한 그 사랑을 나르는 자, 그 사랑을 가져오는 자, 그 사랑을 나누어주는 자이셨다. 예수님은 하늘에서 보이지 않는 분으로 계심과 동시에 땅에서 가시적으로 보이는 분으로 계셨다. 예수님은 하나님의 사랑 안에 있는 아버지의 영광이 어떻게 나타날 것인가를 보여주기 위해 오직 아버지의 영광만을 위해 오셨고 사셨고 고통당하셨고 죽으셨다. 예수님은 하나님의 거룩함 속에서 우리를 축복하기 위한, 우리를 행복하게 하기 위한 것 외에 다른 어떤 목적도 없다는 사실을 보여주기 위해 오셨다. 예수님은 가장 높은 존귀함을 나타내기 위한, 희생과 내어줌이 있는 그런 축복을 나타내기 위한 것 외에 다른 목적이 없다는 사실을 나타내기 위해 오셨다.

성령은 이러한 거룩한 성품에 우리를 참여시키기 위해 아버지와 아들의 영으로서 오셨다. 성령은 우리 안에 그리스도께서 형성되도록, 우리가 그 아들과 그 사랑 안에 안전하게 거하도록 우리 마음속에 하나님의 사랑을 쏟아붓고 계신다. 따라서 우리 내면의 전 인격은 하나님을 닮은 흔적을 행동으로 나타내야 한다.

어떠한 영혼이든지 성령의 충만함을 추구한다면 그 자신이 사랑으로 자신의 생명을 내어줄 준비가 되어 있을 때만이 이러한 축복을 누릴 수 있다. 성령은 자아와 이기적인 마음을 쫓아내고자 오셨다. 성령의 충만함은 모든 사람을 섬기는 자로서 다른 사람들의 축복을 위해 자기 자신을 기꺼이 바칠 수 있다고 하는 것을 전제로 하고 있다. 성령은 하나님의 생명으로부터 흘러넘치고 있다. 만약 우리가 우리 자신을 성령께 내준다면 성령은 생명수 강물이 되어 우리의 마음속 깊은 곳으로부터 흘러넘칠 것이다.

그리스도인들이여, 우리가 진정 그 축복이 증가하기를 원한다면 하나님의 사랑이 우리 안에서 역사하시도록 하기 위한 삶을 살아야 한다. 하나님의 사랑과 더불어 우리를 둘러싸고 있는 모든 사랑은 성령을 통해서 우리 안에 있다. 우리는 하나님의 자녀들을 진심으로 사랑해야 한다. 심지어 아주 연약하고, 대단히 사악한 사람들도, 구원받지 못한 사람들도 진심으로 사랑해야 한다. 모든 가능한 방법 안에서 우리의 사랑을 훈련하고 나타내야 한다. 우리 자신이 그들을 사랑하고 있다는 사실을 성령님께 내보여야 한다. 그때 사랑은 우리가 말하도록, 역사하도록, 내주도록, 기도하도록 할 것이다.

　비록 우리에게 그 일에 대한 열린 문이 존재하지 않는다고 할지라도, 혹은 그 일을 할 힘이 없다고 할지라도 기도의 문은 열려 있다. 속죄소에 능력이 흘러넘치고 있다. 사랑 안에서 전 세계를 끌어안으라. 마음속 깊은 곳에 계신 그리스도로 말미암아 구원받지 못한 사람들이 속해 있는 전 세계를 사랑 안에서 끌어안으라. 성령님은 그들을 구속하기 위한 그리스도의 능력이시다. 하나님처럼 예수님과 성령님도 다른 사람들을 전적으로 사랑으로 축복하기 위해 사신다. 그 축복은 지금도 흘러넘치고 있다.

예수 그리스도를
온전히 신뢰하라

성경은 다음과 같이 말하고 있다. "하나님의 약속은 얼마든지 그리스도 안에서 예가 되니 그런즉 그로 말미암아 우리가 아멘 하여 하나님께 영광을 돌리게 되느니라"(고후 1:20). 그리스도께서 생명수 강에 대해 말씀하셨을 때 그 약속은 그 자신 안에 있는 믿음과 연관되어 있었다. "나를 믿는 자는 그의 마음으로부터 생명수가 흘러넘칠 것이다." 우리가 만약 이 말씀을 올바르게 믿는다면 축복이 어떻게 증가할 것인지에 관한 질문에 있어 이 대답 외에 어떤 대답도 요구하지 않을 것이다.

우리의 믿음은 성령으로 말미암아 예수 그리스도께서 거룩한 사랑이 흘러넘치는 샘의 근원이라는 사실을 보게 된다. 성령님은 언제나 이러한 사랑을 나르는 생명의 운반자로서 축복을 흘러넘치게 하신다. 성령님은 모든 사랑 안에서 항상 흘러넘치신다. 그것은 예수님 안에서 제공된 축복의 사용이며 약속의 포용이다. 그것은 그 약속의 확실함 속에서 안식을 누리는 것이며 하나님이 지금도 행하고 계신 것을 기꺼이 감사하게 하는 것이다.

우리의 믿음은 예수님이 그 축복을 가지고 들어오셔서 모든 것을 점령하고 채우실 수 있도록 영혼의 문을 열어준다. 그 믿음은 예수님 안에서 우리의 영혼이 하나님의 지성소를 얻고, 그 마음에 예수님을 왕위에 올려놓는 가운데 가장 열렬하고 강한 영적 교제를 이루어준다. 만약 당신이 믿는다면 당신은 하나님의 영광을 볼 것이다. 모든 의심과 약점, 유혹이 변하여 당신 안에서 역사하시는 예수님을 신뢰하고 즐거워하며 의지할 것이다.

믿는 자들은 두 가지 방식으로 죄와 맞부딪쳐 싸우고 있다. 한 가지는 자신의 모든 힘을 동원하여 죄악을 물리치기 위해 노력하는 것이다. 말씀과 기도로 강해지기를 추구하는 것이다. 죄와의 충돌 속에서 우리는 이와 같은 의지의 능력을 사용한다. 또 다른 한 가지는 유혹의 매 순간 예수님께로 돌아서기 위해 침묵 가운데 믿음의 훈련을 하는 것이다. 그리고 이렇게 하나님께 고백하는 것이다. "주님, 저는 아무런 힘이 없습니다. 오직 주님만이 저를 지켜주실 수 있습니다."

후자야말로 진정한 믿음의 방법이다.

"무릇 하나님께로부터 난 자마다 세상을 이기느니라. 세상을 이기는 승리는 이것이니 우리의 믿음이니라"(요일 5:4).

우리 안에서 필요한 사역을 하시는 예수님은 계속해서 우리 안에 성령의 역사를 유지시키실 것이다. 멈추지 않고 계속되는 믿음의 훈련을 통해 그 축복은 우리 안에서 계속해서 흘러넘칠 것이다.

예수님은 매 순간 우리에게 모든 것이 되어주신다. 그분의 생명이 매 순간 우리의 호흡을 새롭게 해주시지 않는 한 이 세상에 있는 생명은 우리에게 전혀 쓸모가 없다. 하나님은 매 순간 실제로 우리를 거룩한 생명으로 새롭게 해주시며 강하게 해주신다. 하나님은 우리가 예수님과 함께 연합하게 하려고 이러한 일을 행하신다. 예수님은 하나님의 충만하심이며 하나님의 생명이시다. 하나님의 사랑은 우리를 위해 준비된 것이며, 우리에게 그 축복을 전달하기 위한 것이다. 성령은 예수님의 충만하심이며 예수님의 생명이시다. 우리 주변에 공기가 있는 것처럼 우리 주변에 예수님의 사랑을 공급하고 계신다.

그러므로 우리는 예수님 안에 있다는 사실을 믿어야 한다. 우리를 하나님의 거룩한 능력으로 둘러싸고 계신 예수님을 신뢰해야 한다. 우리를 통해 하나님 성령의 강물이 흘러넘치기를 갈망하고 계신 예수님 안에 우리가 거하고 있다는 사실을 믿어야 한다. 전능하신 하나님의 말씀이 능력으로 성취되도록, 우리의 마음이 즐거운 확신으로 채워지도록 노력해야 한다. 우리의 유일한 선택은 예수님을 바라보는 것이고, 예수님 안에서 즐거워하는 것이며, 예수님을 위해 모든 것을 희생하는 것이다. 바로 그때 하나님의 말씀이 우리에게 진실로 나타날 것이다. "나를 믿는 자는 성경에 이름과 같이 그 배에서 생수의 강이 흘러나오리라"(요 7:38).

이러므로 내가 하늘과 땅에 있는 각 족속에게 이름을 주신 아버지 앞에 무릎을 꿇고 비노니 그의 영광의 풍성함을 따라 그의 성령으로 말미암아 너희 속사람을 능력으로 강건하게 하시오며 믿음으로 말미암아 그리스도께서 너희 마음에 계시게 하시옵고 너희가 사랑 가운데서 뿌리가 박히고 터가 굳어져서 능히 모든 성도와 함께 지식에 넘치는 그리스도의 사랑을 알고 그 너비와 길이와 높이와 깊이가 어떠함을 깨달아 하나님의 모든 충만하신 것으로 너희에게 충만하게 하시기를 구하노라. 에베소서 3:14-19.

우리는 위의 말씀을 통해 다음의 내용을 확인할 수 있다. 첫째, 예수님은 우리 안에서 하나님의 성령으로 말미암아 우리가 강건해지기를 간청하고 계신다. 둘째, 믿음으로 말미암아 예수님이 우리의 마음속에 거하시게 된다. 셋째, 우리가 사랑 가운데서 뿌리가 박히고 터가 굳어지면 지식에 넘치는 예수님의 사랑을 알게 된다. 넷째, 우리는 하나님의 모든 충만함으로 가득 채워질 것이다.

하나님이 주시는 모든 축복은 그 안에 감추어진 영원불변의 능력을 가진 씨와 같다. 성령으로 충만하게 되는 것을 마치 더는 아무것도 열망할 게 없는 완전한 상태라고 생각해서는 안 된다. 이것은 결코 진리가 아니다. 예수님도 세례를 받고 성령으로 충만하게 된 후에 유혹과 순종에 관해 배우셨다. 그리고 계속해서 완전하게 되기 위해 나아가셔야 했다. 예수님의 제자들도 오순절의 성령으로 충만하게 된 이후에 끊임없이 자신을 훈련해야 했다. 하늘로부터 내려온 능력을 소유한 상태에서의 계속된 노력은 제자들이 삶에서 죄를 극복하고 승리할 수 있는 더 큰 능력이 되었다.

성령은 진리의 영이시다. 성령은 우리를 그 진리로 인도하신다. 성령은 우리를 하나님의 영원한 목적으로, 그리스도의 지식으로, 참된 거룩함으로, 하나님과의 충만한 교제로 인도하신다. 그렇기에 성령 충만함은 하나님의 자녀로서 살고 하나님의 일을 하기 위한 준비 과정일 뿐이다.

이런 관점에서 볼 때 하나님의 자녀에게 있어 이러한 축복을 받는 게 전적으로 얼마나 필요한 일인지를 알게 된다. 바울이 왜 모든 성도를 위해 이번 장의 본문 말씀과 같은 기도를 하게 되었는지 이해하게 된다. 바울은 성령을 영적인 구별로써, 혹은 탁월한 사람들만을 위한 것으로써, 혹은 하나님의 자녀들 가운데 일부 사람들만을 위해 의도된 특별한 사치품과 같은 것으로써 간주하지 않았다. 그런 까닭에 바울은 회심할 당시 믿음으로 성령을 받았던 모든 사람을 위해 어떤 차별도 없이 기도할 수 있었다.

여기서 바울이 요구하는 것은 성령의 특별한 사역을 통해 하나님이 그들을 충만한 진리 가운데로 이끄시는 것이다. 이런 바울의 기도에는 그리스도인의 삶에서 반드시 성취되어야 하는 가장 영광스러운 축복이 담겨 있다. 우리는 성령께서 소유하고 계신 이러한 축복의 충만한 계시와 징후가 무엇으로 어떻게 나타나는지를 깨달아야 한다.

능력으로 강건해져 행동으로 이끌라

우리가 예수님을 믿게 될 때 성령을 받게 된다는 사실은 서신서의 그 전 구절들을 통해 더욱 명확하게 알 수 있다. 그러나 바울은 그들이 아직 성령님이 그들을 위해 행하신 모든 일을 다 알거나 소유하지 못했다는 사실을 알게 되었다. 그들의 무지함으로 말미암아 그들이 신앙생활에서 더 이상 앞으로 나아가지 못하고 있는 것을 발견하게 된 것이다. 그래서 바울은 무릎을 꿇고 하나님께 그들의 내면이 성령으로 말미암아 강건해지도록 쉬지 않고 간구했다. 성령께서 함께하시는 이러한 능력 있는 강건함은 성령으로 충만하게 되는 것과 같은 것이며, 동일한 축복의 또 다른 측면이다. 그것은 건강하게 성장하는, 그리고 열매 맺는 삶을 위해 없어서는 안 될 중요한 것이다.

사도 바울은 하늘의 아버지께 이러한 은사를 주시도록 기도했다. 바울은 하나님께 새롭고 명확한 작용을 요구했다. 그는 하나님이 그분의 영광의 풍성함을 따라 이것을 행하시기를 요구했다. 바울이 요청한 것은 확실히 평범하고 하찮은 일이 아니었다. 그는 성령으로 말미암아 하나님이 사람들의 내면에서 믿는 자들을 강건하게 하시고, 하나님 은혜의 모든 풍성함을 기억하게 하시며, 행동으로 이끄시기를 열망했다.

그리스도인들이여, 이러한 관점에서 우리 매일의 삶이 하나님의 뜻에 의지하고, 그분의 은혜와 전능하심에 의지해야 함을 배워야 한다. 그렇다. 매 순간 하나님이 우리의 내적인 삶 속에서 성령으로 말미암아 역사하셔야 한다. 우리가 강건해져야 한다. 그렇지 않으면 우리는 하나님이 원하시는 대로 살아갈 수 없다. 이 세상에 있는 피조물은 하나님이 그 생명을 유지하기 위해 그 안에서 역사하시지 않는다면 잠시도 존재할 수가 없다. 그런 까닭에 성령의 은사는 매 순간 우리 안에서 모든 것을 행하고 역사하시는 하나님의 보증이다.

우리는 모든 축복을 하나님께 의지하는 것을 배워야 한다. 우리는 하늘의 아버지이신 그분께 성령의 강한 힘이 우리 안에서 시작되도록, 매 순간 방해받지 않고 그 힘을 유지할 수 있게 해달라고 청원해야 한다. 바울은 그러한 성령에 의한 강한 능력이 우리를 위해서 필요하며 요구된다는 사실을 알게 하려고 그렇게 간구했던 것이다.

그렇기에 우리는 오직 하나님 자신으로부터 모든 일을 기대해야 한다. 우리는 무릎 꿇고 기도해야 한다. 하나님 자신의 계시인 성령으로부터 그 영광의 풍성함이 우리에게 임하도록 기대해야 한다. 무기력한 우리의 영에 성령으로 충만하게 해주시기를 간구해야 한다. 이것이 우리 영혼의 열망이자 확신이 되어야 한다. "하나님은 나를 성령으로 충만하게 채워주실 것입니다. 하나님은 성령을 통해 나를 그분의 전능하신 능력으로 강하게 해주실 것입니다." 우리의 전 생애 속에 이러한 기도와 기대감이 매일매일 스며들어야 한다.

예수님의 이러한 내주하심은 사람이 집에서 함께 사는 것과 같은 것이 아니다. 결코 그것과 동일시할 수 없다. 예수님의 내주하심은 우리의 마음이 진정으로 거룩함을 소유하는 것이다. 성령으로 말미암아 하나님의 강건하심으로 우리의 내면을 강건하게 하는 것이다. 그 성령으로 우리의 의지에 생명을 불어넣고, 마치 그것이 예수님의 의지처럼 우리 자신의 전적인 의지가 되는 것이다. 그 결과 우리의 마음은 예수님의 마음과 하나 되고 하나님 앞에서 겸손히 경배하며 복종하게 될 것이다. 오직 하나님의 영광만을 추구하게 될 것이다. 이러한 내면의 변화는 우리의 마음을 주님이 거주하시기에 적합한 장소로 만든다.

믿는 자들이여, 하나님은 우리 안에서 예수 그리스도를 보기 원하신다. 하나님은 예수님이 우리 안에 거주하심으로 말미암아 우리 안에서 강하게 사역할 준비를 하고 계신다. 하나님은 우리 안에 성령이 임하시고, 살아계신 하나님 아들의 현존하심이 항상 우리 안에 거하게 될 때 강하게 역사하신다. 하나님은 우리를 끔찍이 사랑하고 계시며, 우리를 애타게 갈망하고 계신다. 하나님은 자신이 우리의 마음속에 거주하게 되기 전까지 결코 쉬지 않으실 것이다. 이것은 바로 성령이 충만하게 우리에게 임하는 것이 최고의 축복이라는 의미다.

우리는 믿음으로 말미암아 성령을 받았고 성령의 내주하심을 알게 되었다. 그 성령을 통해 하나님의 일하심을 깨달았다. 보이지 않던 물건이 태양으로 말미암아 선명하게 식별되는 것처럼 우리는 믿음으로 말미암아 살아계신 예수님이 우리의 마음속에 내주하신다는 사실을 인식하게 되었다. 예수님은 이 땅에 계실 때 제자들과 함께하셨던 것만큼이나 그렇게 끊임없이, 심지어 제자들과 함께하셨던 것보다 더 끊임없이 우리 안에 함께하실 것이다.

사랑하는 형제들이여, 하나님께 성령으로 말미암아 당신이 강건해지기를 기도하라. 당신의 마음을 성령 충만함을 향해 열어놓으라. 그때 당신은 마음속에 예수님이 거하신다는 것이 진정으로 무엇인지를 믿음으로 알게 될 것이다.

성령의 열매인 사랑을
행동으로 보이라

"너희가 사랑 가운데서 뿌리가 박히고 터가 굳어져서 능히 모든 성도와 함께 지식에 넘치는 그리스도의 사랑을 알고." 여기서 사랑은 그 마음속에 내주하시는 예수님의 영광스러운 열매를 말한다. 하나님의 사랑은 성령으로 말미암아 마음속에 널리 퍼져 흘러들어왔다. 그 마음속에 거주하시는 예수님으로 말미암아 하나님께서 그 아들을 사랑하셨던 그 사랑이 우리에게 오게 된 것이다. 하나님 안에 있는 생명처럼 아버지와 아들 사이에 계신 성령은 오직 완전한 사랑이시다. 그래서 우리 안에 있는 예수님의 생명은 바로 사랑이시다.

우리는 사랑 안에서 뿌리가 박히고 터가 굳어져야 한다. 우리는 사랑이라는 흙 속에 심어졌다. 우리는 거룩한 하늘의 사랑에 우리의 뿌리를 뻗게 되었다. 이제 우리의 존재는 그 사랑 안에 있게 되었다. 그 사랑으로부터 우리의 강건한 힘을 끌어당길 수 있게 되었다. 사랑은 우리의 영적인 삶 속에서 가장 중요한 최고의 요소이다. 우리 안에 거하고 계신 성령, 우리 안에 계신 예수님이 오직 하나님의 사랑을 우리에게 가져다주신 것이다. 사랑은 우리로부터 흘러나오는 생명의 물줄기 가운데 첫 번째 되는 것이며 으뜸이 되는 것이다.

사랑은 율법의 완성이다. 그것은 이웃에게 악을 행하지 않는다고 했다.

"사랑은 이웃에게 악을 행하지 아니하나니 그러므로 사랑은 율법의 완성이니라"(롬 13:10).

사랑은 그 자신의 유익을 구하지 않는다.

"무례히 행하지 아니하며 자기의 유익을 구하지 아니하며 성내지 아니하며 악한 것을 생각하지 아니하며"(고전 13:5).

사랑은 형제들을 위해 우리의 생명을 버리게 할 수 있는 능력이 되기도 한다.

"그가 우리를 위하여 목숨을 버리셨으니 우리가 이로써 사랑을 알고 우리도 형제들을 위하여 목숨을 버리는 것이 마땅하니라"(요일 3:16).

사랑으로 인해 우리의 마음은 더 풍성하고 넓어지게 된다.

우리의 친구들, 우리의 대적들, 하나님의 자녀들과 이 세상에 있는 자녀들은 모두 사랑할 만한 가치가 있다. 우리를 미워하는 사람들, 속죄함을 받은 사람들, 전 세계에 잃어버린 사람들, 그리고 특별하게 창조된 개인적인 모든 피조물을 하나님의 사랑 안에서 모두 기꺼이 받아들여야 한다. 우리의 행복은 우리의 명예를 희생하고, 우리의 유익을 희생하고, 다른 사람들의 유익을 위해 위로를 베푸는 데 있다. 사랑은 희생을 두려워하지 않는다. 사랑은 상대방을 축복해준다.

우리는 하나님이 성령과 함께하시면서 우리 안에서 강하게 역사하시기에 사랑할 수 있는 것이다. 우리는 하나님의 아들이 우리 안에 거하시기에 사랑할 수 있는 것이다. 사랑의 십자가를 지셨던 예수 그리스도께서 우리의 마음을 완전히 자신의 사랑으로 채우셨기에 사랑할 수 있는 것이다. 그러므로 우리는 사랑 안에 뿌리가 박혀야 한다. 하나님이 그 뿌리의 본질과 일치하도록 사랑의 열매를 맺게 하실 때까지.

하나님의 충만하심으로 가득 채우라

우리는 하나님의 충만하심으로 채워져야 한다. 이것은 성령께서 그 충만함으로 우리를 이끌려고 계획하셨고, 실제로 우리를 이끌고 계신다는 사실을 경험하는 일이다. 하나님은 우리의 변화를 위해 필요한 모든 것을 준비하셨다. 우리는 예수 그리스도 안에서 하나님의 완전한 인간을 보게 된다. 예수님은 순종과 고통에 따라 완전하게 되셨다. 하나님의 모든 충만하심으로 가득 차게 됨으로써 완전하게 되셨다. 예수님은 평범한 인간의 생명을 지닌 사람과 마찬가지로 외로움과 빈곤 가운데 계셨다. 이 땅에서 그 생명이 하나님에 의해 기쁨이 됨에도 불구하고 이러한 모든 필요와 결함을 지닌 그런 평범한 인간이셨다. 그러나 하나님의 뜻과 명예, 하나님의 사랑과 희생은 항상 예수님 안에서 나타났으며, 하나님만이 예수님의 전부였다.

하나님께서 이 세상을 창조하신 것은 이 세상에 자신을 계시하기 위함이었다. 그 안에 그분의 지혜와 능력, 선함이 머물러 있었고, 눈에 보이게 나타난 바 되었다. 우리는 계속해서 그 본래의 특징이 하나님의 충만함이었다고 말해야 한다. 하나님은 믿음의 눈을 통해 모든 것을 볼 수 있게 하셨다. 가장 높은 곳에 있는 천사의 노래와 온 우주에는 하나님의 영광으로 가득 차 있다. 하나님이 그분의 형상을 따라 인간을 창조하셨던 것은 하나님 자신의 능력이 인간 속에 나타났음을 보여주기 위함이었다. 그 인간은 하나님의 형상을 반영하는 역할을 하게 될 것을 보여주기 위함이었다.

인간의 형상은 인간을 나타내기 위한 뭔가 다른 목적을 결코 만족시킬 수 없다. 인간은 하나님의 형상을 닮은 존재로서 단순하게 그 자신의 생명 안에 하나님의 영광을 받아들여서 그것을 몸에 지니도록 예정되었다. 그것을 육안으로 볼 수 있도록 만들어진 존재이다. 인간은 하나님의 축복으로 충만하게 하기 위한 존재였다.

이러한 거룩한 하나님의 목적은 죄에 의해 좌절되고 말았다. 인간은 하나님의 충만함 대신에 그 자신과 세상으로 충만하게 되었다.

죄는 인간에게 하나님의 충만함이 되게 하는 것을 영원히 불가능하게 여길 정도로 인간의 눈을 멀게 만들었다. 그러나 예수님은 인간을 구속하기 위해 오셨다. 오순절의 축복을 우리에게 상기시키기 위해 오셨다. 하나님은 그분의 성령으로 말미암아 우리 안에서 강하게 일하시기 위한 준비를 다하셨다. 이는 하나님의 아들이 우리의 마음 속에 거하기를 열망하고 계신다는 증거이다. 하나님은 그것을 반드시 성취하실 것이다.

그렇다. 이것이 바로 오순절의 축복이 지닌 가장 고귀한 목적이다. 우리는 이러한 목적에 도달하기 위해, 그 목적에 도달하는 것을 확인하기 위해 성령을 의지해야 한다. 예수님은 우리를 향해 그 길을 열어놓으셨다. 성령 안에서 우리를 인도하신다. 그러면 성령님은 우리 안에서 예수님의 깊은 겸손을 행하실 것이다.

예수님은 항상 말씀하셨다.

"나는 스스로 아무것도 할 수 없다."

"나는 나 자신의 뜻으로 일하지 않는다."

"내가 하는 말은 나 스스로 하는 말이 아니다."

예수님은 이렇게 자신을 비우고 의지하는 마음 가운데 하나님이 아무것도 아닌 보잘것없는 영혼을 위해 전부가 되어주신다는 확실한 믿음과 경험으로 우리 안에서 일하신다. 믿음을 통해 우리에게 하나님의 충만으로 가득했던 예수님을 계시하신다. 예수님은 하나님이 모든 것을 주셨던 그 사랑 안에서 우리가 뿌리가 박히도록 하는 이유가 된다. 우리가 하나님을 전부로 받아들이게 하는 원인이 되신다. 그러므로 성령은 예수님과 함께하셨던 것처럼 우리와도 함께하실 것이다.

하나님의 사랑으로 당신에게 권한다. 이것이 당신에게 너무 높은 경험이라고 말하거나 당신을 위한 것이 아니라고 말하지 말라. 그렇다. 이것은 참으로 당신에 대한 하나님의 뜻이다. 그것은 하나님의 명령이며 하나님의 약속으로 말미암은 뜻이다. 하나님은 그 자기 뜻을 성취하셨다. 오늘 겸손 안에서, 믿음 안에서 다음과 같은 말씀을 취하셨다. 이 말씀은 마치 우리 삶의 목적이자 표어와도 같다. 그것은 하나님이 당신을 위해 무엇을 행하실 것인가를 보여주시는 말씀이다. "하나님의 모든 충만하심으로 충만하게 하옵시고."

이 말씀은 축복을 받기 위해 준비하는 것만으로도 아주 많이 만족해하는 자기 본위로부터 당신을 세우기 위한 강력한 지렛대가 되어줄 것이다. 이 말씀은 당신이 하나님의 사랑 안으로 들어가도록 강하게 밀어 넣을 것이고, 그 안에서 뿌리 내리도록 도와줄 것이다. 이것은 정말 당신의 마음에 내주하시는 예수님 외에는 우리 안에 이러한 사랑을 계속해서 거하도록 해줄 수 있는 것이 아무것도 없다는 사실을 확신시켜줄 것이다. 이것은 당신 안에 있는 하나님의 충만한 존재가 되게 해줄 것이다.

무릎을 꿇고 당신의 구원자께 하나님의 풍성한 영광을 구하라. 당신의 마음이 다음과 같은 반응을 할 수 있을 때까지 계속해서 간구하라. "그렇습니다. 하나님의 충만함으로 가득 채워지는 것이 바로 하나님이 저를 위해 준비하신 것입니다."

우리는 우리 앞에 있는 이러한 영광스러움을 발견하고, 이와 같은 송영 안에서 사도들과 동행해야 한다.

> "우리 가운데서 역사하시는 능력대로 우리가 구하거나 생각하는 모든 것에 더 넘치도록 능히 하실 이에게 교회 안에서와 그리스도 예수 안에서 영광이 대대로 영원무궁하기를 원하노라. 아멘" (엡 3:20-21).

하나님의 풍성한 영광 이외에 다른 열망은 필요 없다. 만약 오늘 당신이 먼저 하나님의 충만하심으로 채워지는 경험을 하지 못한다면 하나님의 충만하심으로 채워지지 못할 것이다.

하나님은 아브라함에게 "나는 전능한 하나님이다"라고 말씀하셨다. 하나님은 자신의 약속을 성취하기 위해 아브라함이 하나님의 전능하심을 신뢰하도록 초청하셨다. 예수님이 무덤으로 내려가셨을 때 하나님의 전능하심이 예수님을 다시 영광스러운 보좌로 끌어올리셨던 것도 믿음 안에서 이루어진 일이다. 이와 같은 전능하심은 예수 그리스도 안에서 그렇게 행동하도록 믿고 있는 우리 안에서 하나님의 목적이 성취되도록 기다리는 것이다. 그러므로 우리의 마음이 다음과 같이 말할 수 있어야 한다. "우리 가운데서 역사하시는 능력대로 우리가 구하거나 생각하는 모든 것에 더 넘치도록 능히 하실 이에게 교회 안에서와 그리스도 예수 안에서 영광이 대대로 영원무궁하기를 원하노라. 아멘"(엡 3:20-21).

05

성령으로 살고
성령으로 행하라

The Believer's Secret of Holiness _ Part 5

너희가 악할지라도 좋은 것을 자식에게 줄 줄 알거든 하물며 너희
하늘 아버지께서 구하는 자에게 성령을 주시지 않겠느냐 하시니라.
누가복음 11:13.

회당장 야이로가 죽어가는 딸을 살리기 위해 예수님께 도움을 청하
려고 왔을 때 그는 자신의 딸이 죽었다는 소식을 들었다. 그러나 예
수님은 야이로에게 이렇게 말씀하셨다. "두려워하지 말고 믿기만 하
라"(눅 8:50). 우리가 아무런 소망 없는 시련에 직면했을 때 우리 주
님은 전적으로 자신을 신뢰하게 하려고 우리를 방문하신다. 그때 우
리가 할 수 있는 일은 오직 한 가지뿐이다. "믿기만 하라!"

　이 말씀은 많은 경우에 우리에게 강함을 준다. 바로 우리가 관심
을 둔 그곳에서 모든 소망이 사라지고 문제 해결의 기미가 도저히

보이지 않을 때이다. 이런 경우 우리는 앞에 나온 말씀의 필요성을 느끼게 된다. 하나님의 기적적인 능력은 우리 안에서 실제적이고도 초월적인 은혜를 만들어낼 수 있기 때문이다. 소망이 끊어졌다고 느끼는 상황에서 우리가 할 수 있는 일은 단 한 가지뿐이다. 하나님 앞에서 잠잠히 믿고 기다리는 것, 그리고 예수님이 우리에게 하시는 말씀에 귀를 기울이는 것이다. "두려워 말고 단지 믿기만 하라. 하나님이 너를 위해 그것을 행할 것이다."

하나님은 영이시다. 하나님은 그분의 영원한 사랑 안에서 우리에 대한 충만한 소유권을 행하시려는 열망을 갖고 계신다. 그러나 우리에게 성령을 주시는 것 이외의 다른 어떤 방법으로도 이것을 행하지 않으신다. 확실히 하나님이신 성령님은 우리가 하나님의 자녀가 되게 할 것이고, 하나님의 성령으로 채워지게 하실 것이다.

우리가 그러한 믿음 없이 축복을 달라고 간청하는 것은 얻을 수가 없다. 하나님은 육신의 아버지가 그의 자녀들에게 빵을 주는 것보다 훨씬 더 많은 것을 예비하고 계시며, 자신에게 간청하는 자들에게 성령의 은혜를 부어주신다. 우리는 예수님 안에서 하나님 아버지께서 우리에게 충만한 유업을 주실 것이라는 사실을 확신하면서 간청하기만 하면 된다. 이러한 믿음은 우리가 모든 어려움을 극복하고 승리할 수 있도록 이끌어준다.

하나님은 오직 성령을
통해서만 일하신다

이러한 주제와 관련하여 서론적인 질문이 즉시 일어난다. 그것은 우리가 그와 같은 축복을 기대하기 이전에, 그것에 관한 모든 것을 속히 이해하라고 유혹한다.

첫 번째 질문은 이것이다. "이러한 축복이 어디서부터 오는가? 안에서부터 오는가, 위로부터 오는가?" 열심 있는 그리스도인은 즉시 대답할 것이다. "그것은 안에서부터 오는 것입니다." 성령님은 오순절 날 이 땅에 내려오셨고 그리스도인의 공동체에 임하셨다. 그리고 우리가 회심한 바로 그 순간 우리의 마음속에 오셨다. 그러므로 우리는 더 이상 성령이 우리에게 주어지기를 위해 기도할 필요가 없다. 우리는 단순히 이미 우리에게 주어진 것을 인식하고 사용하기만 하면 된다. 우리는 더 많은 성령을 추구할 필요가 없다.

사실 우리는 충만한 은혜 가운데 그분을 소유하고 있다. 오히려 성령은 우리보다 더 많은 것을 소유하고 계신다. 우리가 성령님께 우리 자신을 전적으로 내맡길 때 그분은 우리 안에서 전적으로 충만하게 채워질 것이다. 생명수 샘의 근원은 이미 그곳에 존재하고 있다. 그것은 열려 있고 모든 장애물은 제거되었다. 그 생명수는 안에서부터 흘러나오고 있다.

그런가 하면 어떤 사람은 "아닙니다. 그것은 위로부터 내려와야만 합니다"라고 대답할 것이다. 오순절 날, 하나님이 성령을 자유롭게 주셨을 때 그분은 자신의 지배력을 뛰어넘어 성령을 거주하게 하지 않으셨다. 성령의 충만함은 여전히 하나님 안에 남아 있었다. 하나님은 자신의 의지와 상관없이, 혹은 제 뜻과는 독립적으로 일하게 하려고 그 자신을 제쳐놓고 주신 것이 아니었다.

하나님은 오직 성령을 통해서만 일하신다. 성령의 능력에 대한 모든 위대한 징후는 위로부터 직접 내려온다. 오순절 이후 성령은 사마리아와 가이샤라의 하늘로부터 다시 내려오셨다. 그 충만함 속에서 성령은 여전히 하늘에 계셨고, 그것은 성령의 충만함이 기대되었던 하늘에 계신 하나님에게서 온 것이다.

그리스도인들이여, 기도하라. 어느 견해가 옳은가를 결정할 때까지 꾸물거리지 말라. 하나님은 이러한 두 가지 방법을 통해 우리를 축복하실 수 있다. 노아의 홍수가 났을 때 모든 심연의 근원이 해체되었고 하늘의 수문이 열렸다. 홍수는 옆에서, 그리고 위에서 동시에 내려왔다. 하나님은 이런 두 가지 방법 안에서 우리를 축복하기 위해 준비를 하신다. 하나님은 이미 우리 안에 계신 성령을 알리고 존경하게 하려고 우리를 가르치고자 열망하고 계신다. 하나님은 우리가 전적인 의존의 영으로서 섬기도록 열망하고 계신다.

나는 이런 질문에 의해 우리 자신이 흔들리지 않기를 바란다. 하나님은 우리의 탄원을 이해하신다. 하나님은 우리에게 무엇이 필요한지를 알고 계신다. 그러한 하나님을 믿는 것은 우리가 하나님의 성령으로 충만하게 되기 위해 이미 준비되어 있다는 것이다. 우리의 믿음은 멈추지 않는 계속된 기도와 확신으로 하나님만을 우러러보아야 한다. 그때 하나님은 축복을 내려주실 것이다.

또 다른 질문은 이것이다. "이러한 축복은 점진적으로 오는가, 아니면 즉시 오는가?" 나는 이 질문 자체가 하나님께서 이미 이런 두 가지 방식 안에서 축복을 보내셨고, 계속해서 여전히 그렇게 일하실 것이라고 하는 것을 의미한다고 자신 있게 말할 수 있다. 그러나 우리의 삶이 무조건 성령의 지배 아래 놓이기 위해서는 확고한 믿음이 있어야 한다. 하나님께서 이러한 순종을 받아들이신다고 하는 믿음의 확신을 가져야 한다. 대부분의 경우, 이것은 즉시 이루어진다. 그 축복의 경험이 능력과 함께 즉시 나타난다. 이럴 때 우리는 헌신의 행위를 유지해야 한다. 하나님이 그분의 사역을 하실 수 있도록 단순히 순종하며 지켜보아야 한다.

이와 같은 모든 질문을 취급하는 데 있어서 주된 관심사는 '오직 믿음'이다. 하나님의 성실하심 안에서 안식하는 것이다. 그렇기에 우리는 다음과 같은 원리를 붙잡아야 한다. 하나님이 우리에게 그분의 성령으로 채워주실 것을 약속하셨다. 하나님의 사역은 하나님이 하신 약속들을 성취된 사실로 만드는 것이다. 우리는 그 약속의 성취로 인해, 그 약속 자체로 인해 하나님께 감사해야 한다. 그 약속들 안에서 하나님은 이미 우리에게 그 자신을 보증하셨다. 하나님 안에서, 하나님의 성실하심 속에서 즐거워해야 한다. 무엇이든지 어떠한 질문들로 인해 억제하지 말라. 오직 하나님이 행하실 것과 하나님으로부터 축복이 나타나도록 마음으로부터 간절히 소원하라. 그 결과는 확신과 영광이 될 것이다.

오직 믿음만으로
성령 충만함을 받으라

많은 그리스도인이 단지 성령께서 존재한다는 사실만으로 만족해하고 있다는 것은 슬픈 일이다. 그들은 성령의 능력에 대해 실제로 더 많이 알고자 하는 열망이 없다. 그들은 단지 교리에 대하여 현재의 순수함, 설교가 널리 보급되는 진지함, 종교적인 일과 박애주의의 모험심을 유지하게 하는 많은 은사를 지적할 뿐이다. 그들은 교육과 선교 안에 나타나는 것에 관심을 기울인다. 그들 주변에서 볼 수 있는 선한 일로 인해 하나님께 더 많은 영광을 돌려야 한다고 말한다.

하지만 그들의 말 속에서 성령에 대한 흔적은 거의 묻어나지 않는다. 그들은 성령으로 충만해지라는 명령에 대해 들어보았지만, 전혀 고려하지 않았다. 그들은 성령에 대해 예언하도록 명령한 사실을 잊고 있다.

"또 내게 이르시되 인자야 너는 생기를 향하여 대언하라. 생기에게 대언하여 이르기를 주 여호와께서 이같이 말씀하시기를 생기야 사방에서부터 와서 이 죽음을 당한 자에게 불어서 살아나게 하라 하셨다 하라"(겔 37:9).

우리가 성령에 관한 이러한 일들을 말할 때 우리는 그들로부터 전혀 격려를 받지 못한다. 그들은 우리가 의미하는 것이 무엇인지를 이해하지 못한다. 그들은 스스로 성령 안에서 진정으로 행한다고 여기고 있다. 그러나 그들의 눈은 성령보다 교회에 더 집중되어 있고, 성령 충만함보다 교회의 필요를 채우는 데 더 몰두하고 있다.

우리가 성령 충만함의 필요에 대해 말할 때 동의하는 교인들도 있다. 그들은 가끔 그 문제에 관해 생각하고 기도한다. 그러나 그들은 자신의 노력으로부터 어떠한 이익도 얻지 못한다. 그들은 진정한 성장을 하지 못하고 있다. 그들은 도리어 우리가 초대 교회시대를 바라보도록 명한다. 그리고 지금 우리 시대와 초대 교회시대가 거의 차이가 없다고 강변한다.

이러한 사람들은 가나안 땅을 탐지하기 위해 보내졌던 열 명의 정탐꾼 세대에 속하는 사람들이다. 그 땅은 영광스러웠다. 그러나 그 땅을 소유하고 있는 대적들은 너무나 강했다. 우리는 너무 약하기 때문에 그들을 정복하지 못할 것 같았다. 축복을 위해 기꺼이 모든 것을 순종하고자 하는 의지와 헌신의 부족은 불신앙의 뿌리가 되었다. 그러나 그들은 갈렙이 민수기에서 말했던 것과 같은 용기를 발휘하지 못하도록 막지는 못했다. "갈렙이 모세 앞에서 백성을 조용하게 하고 이르되 우리가 곧 올라가서 그 땅을 취하자. 능히 이기리라 하나"(민 13:30).

만약 우리가 성령으로 충만해져 있다면 어떠한 이유로든지 자신을 억누르려는 것을 허용해서는 안 된다. 오직 전능하신 하나님 안에서 우리 자신이 강해져야 하며 믿음을 가져야 한다. "하나님이 하실 수 있을까?"라고 말해서는 안 된다. 오히려 "하나님은 하실 수 있다!"라고 힘주어 말해야 한다. 죽음으로부터 예수 그리스도를 다시 살리신 하나님은 지금도 여전히 그분의 백성들 가운데서 강력하게 행하신다. 우리의 마음속에서 하나님의 거룩한 생명과 함께 능력을 계시하신다.

우리는 하나님이 아브라함에게 말씀하셨던 그 음성을 들어야 한다. "아브람이 구십구 세 때에 여호와께서 아브람에게 나타나서 그에게 이르시되 나는 전능한 하나님이라. 너는 내 앞에서 행하여 완전하라"(창 17:1). 그리고 하나님이 행하시겠다고 말씀하신 것을 방해하지 않도록 주의해야 한다. 그 약속을 성취하기 위해 준비하는 그 전능하심을 간절히 바라보아야 한다. 성령으로 말미암은 능력으로 우리를 강건하게 하실 하나님 아버지께 기도해야 한다.

그리고 우리가 요구하고 생각하는 모든 것보다 더 엄청나게 풍성한 것을 우리를 위해 행하실 수 있는 하나님만을 경배해야 한다. 전능하신 하나님 안에 있는 믿음이 우리의 영혼을 충만하게 채울 것이다. 지금 눈으로 보기에 아무리 어렵고, 아무리 불가능해 보인다고 하더라도 전능하신 하나님이 그분의 성령으로 우리를 충만하게 채워주실 것이다.

하나님은 우리 안에서 그것을 행하신다

어떤 사람이 성령으로 충만하게 되는 축복을 위해 기도할 때 그리스도인으로서 자신의 삶이 참으로 부족했다는 사실을 깨닫게 된다. 믿는 자들은 자신의 마음속에서 거룩한 은혜의 모든 사역을 생각한다. 끊임없이 성령을 얻으려고 애쓴다. 그는 자신의 모든 노력과 기도, 전적인 순종 앞에서 지난날의 유혹들, 그리고 믿음의 적용에 관해 생각한다. 그때 그는 잠시 자신의 불신앙과 죄악, 무력함을 보고 그만 기운을 잃고 절망하게 된다. 많은 세월이 흐른 뒤에도 그것은 조금도 달라지지 않았다. 지난 과거는 단지 실패와 불신앙만을 증거할 뿐이다.

그는 자신이 성령으로 충만한 성도의 삶을 살고 있다고 믿었다. 곁에서 성령을 알기 위해 배우는 자처럼 그 자신의 삶을 정해놓았다. 그러나 그가 성령 충만한 사람으로서 영원히 살 수 있다고 상상하는 것은 그에게 있어서 불가능한 일처럼 여겨졌다. 이런 절망감 때문에 자신이 시도하려고 하는 모든 일이 부적합하고 옳지 않게 느껴졌다.

그리스도인들이여, 이와 같은 생각이 우리가 처한 곳에서 압박처럼 다가올 때 단지 '믿음으로만' 따르도록 권하고 싶다. 이 세상의 아버지가 우리에게 빵을 주시는 것보다 훨씬 더 많은 것을 선뜻 쉽게 성령으로 주실 수 있는 하나님 아버지의 팔에 우리 자신을 내맡겨 버리라고 권하고 싶다. 그러기 위해서는 오직 하나님의 사랑만을 믿으며 생각해야 한다. 자신의 힘을 의지한 모든 헌신과 복종, 모든 신앙과 성실함은 하나님을 감동시킬 수 없다. 하나님께서 우리에게 기꺼이 축복을 주시도록 역사하지 못한다. 그런 것과는 거리가 멀다.

하나님은 우리를 넘치도록 축복하길 원하신다. 우리 안에서 모든 것을 행하고 싶어 하신다. 하나님은 아버지로서 우리를 사랑하고 계신다. 하나님은 그분의 자녀들이 완전한 건강과 행복 속에서 살 수 있도록 주선하고 계신다. 그러므로 우리에게는 아무것도 필요하지 않다. 오직 필요한 한 가지는 하나님의 성령으로 충만해지는 것뿐이다. 예수님은 그분의 보혈로 우리가 이러한 충만한 기쁨을 누릴 수 있도록 길을 열어놓으셨다.

이러한 사랑 안으로 들어가라. 이러한 사랑 안에 거주하라. 그러면 신앙의 지식으로 말미암아 마치 햇빛이 조명되는 것처럼 우리 주위를 둘러싸고 빛나게 할 것이다. 우리의 몸에서 생기가 넘치게 할 것이다. 이러한 사랑으로 신뢰하기를 시작하라. 내가 말하는 것은 우리가 전적으로 성령으로 충만해지기를 말할 수 없이 갈망하고 있지만, 그 자신의 의지로는 신뢰할 수 없다고 하는 것이다. 하나님의 사랑은 우리가 성령으로 충만해지기를 기다리고 계신다. 하나님은 우리를 위해 그것을 행하실 것이다.

하나님이 우리의 능력에서 무엇을 원하고 계시는가? 아니다. 아무것도 원하지 않으신다. 이것은 단지 하나님이 우리 안에서 이런 일들을 행하시도록 우리 자신을 완전히 무가치하고, 아무것도 할 수 없고, 무력한 것으로 그분께 내맡겨야 한다는 뜻이다. 모든 준비된 사역을 책임지게 되면 하나님이 그분의 성령으로 말미암아 우리를 도와주실 것이다. 성령은 우리가 이러한 보화를 받아들이기를 포기해도 모든 것에 풍성하게 하려고, 고요한 중에 숨어서 우리의 내적 사람이 강해지도록 힘을 주실 것이다. 성령은 하나님의 말씀 안에서 안식하기에 적합한, 그분을 기다리기에 적합한 믿음으로 우리를 도와주실 것이다. 성령은 우리의 미래를 위해 모든 것을 직접 책임져 주실 것이다. 성령은 우리가 이러한 충만함 속에서 걸어갈 수 있도록 모든 힘을 공급해주실 것이다.

우리는 하나님의 성령으로 충만한 사람이 어떤 사람인가에 대해 잘 알고 있다. 그러나 우리 자신은 이와 같은 방식으로 살 수 없다고 생각한다. 우리는 그것이 무엇이든지 간에 그것에 대한 어떤 개념도 갖고 있지 못하며, 우리에게 잘 알려지지 않은 삶을 위해 애쓰는 것을 두려워한다. 그리스도인들이여, 이와 같은 모든 생각을 단념하고 포기하라. 오직 성령께서 우리 안에 임하시게 되면 그분이 우리 안에서 가르치는 사역을 하실 것이기에 우리에게 필요한 삶이 무엇인지를 직접 인도해주실 것이다. 하나님은 우리가 반드시 수행하고 지켜야 할 보물로서가 아니라 우리가 수행하고 지켜야 할 능력으로서 우리를 성령으로 충만하게 할 책임을 떠맡으셨다.

그러므로 오직 믿음으로 하나님의 사랑만 생각하라. 하나님의 축복된 약속과 성령의 능력 안에서 예수 그리스도는 항상 하나님 아버지를 말씀하셨다.

"볼지어다. 내가 내 아버지께서 약속하신 것을 너희에게 보내리니 너희는 위로부터 능력으로 입혀질 때까지 이 성에 머물라 하시니라"(눅 24:49).

예수님은 우리에게 하나님의 성실하심을 명령하고 계신다.

"또 약속하신 이는 미쁘시니 우리가 믿는 도리의 소망을 움직이지 말며 굳게 잡고"(히 10:23).

예수님은 하나님의 능력을 우리에게 지시하고 계신다. 성령은 높은 보좌로부터, 하나님 자신으로부터 내려오신다.

"오직 성령이 너희에게 임하시면 너희가 권능을 받고 예루살렘과 온 유대와 사마리아와 땅끝까지 이르러 내 증인이 되리라 하시니라"(행 1:8).

오직 성령 충만함에 관한 이러한 모든 생각과 열망이 우리를 하나님에게로 이끌도록 해야 한다. 여기에 하나님이 반드시 행하셔야 하는 그 무언가가 있다. 하나님이 반드시 주셔야 하는, 오직 하나님 혼자만이 일하셔야 하는 그 무언가가 있다. 우리의 마음을 하나님께 고정시켜 놓고 조용히 경배할 때, 즐거운 마음으로 그분을 신뢰할 때 하나님은 우리의 모든 기도와 생각에 넘치도록 풍성하게 일하실 것이다. 하나님의 사랑은 우리에게 충만한 축복을 기꺼이 쏟아 부어 주실 것이다. 하나님은 우리를 성령으로 충만하게 해주실 것이다. 그럴 때 우리는 겸손히 간구하기만 하면 된다. "주님의 종을 바라보십시오. 하나님 앞에서 제게 선한 일을 행하소서. 제가 하나님의 말씀대로 되도록 해주소서." 신실하신 하나님은 우리를 그렇게 행하도록 부르셨고, 또 그렇게 인도하실 것이다

맑은 물을 너희에게 뿌려서 너희로 정결하게 하되 곧 너희 모든 더
러운 것에서와 모든 우상 숭배에서 너희를 정결하게 할 것이며 또
새 영을 너희 속에 두고 새 마음을 너희에게 주되 너희 육신에서 굳
은 마음을 제거하고 부드러운 마음을 줄 것이며 또 내 영을 너희 속
에 두어 너희로 내 율례를 행하게 하리니 너희가 내 규례를 지켜 행
할지라. 에스겔 36:25-27.

오순절의 충만한 축복은 하나님의 모든 자녀를 위한 것이다. "무릇
하나님의 영으로 인도함을 받는 사람은 곧 하나님의 아들이라"(롬
8:14). 하나님은 자녀 중 누구에게든지 절반만 주지 않으신다. 하나
님은 모든 사람을 위해 말씀하고 계신다. "아버지가 이르되 애 너는
항상 나와 함께 있으니 내 것이 다 네 것이로되"(눅 15:31). 그리스도

는 반으로 나뉘지 않으셨다. 예수님은 하나님의 모든 풍성함 속에서 자신을 계시하신다. 모든 그리스도인은 하나님에 의해 운명이 결정된다. 실제로 성령으로 충만해지기 위해 부름을 받았다.

나는 앞장에서 특별히 이러한 일들에 어느 정도 익숙해졌고, 이미 진리를 추구했던 사람들의 관점에서 이야기했다. 그들은 회심한 이후에 죄를 더욱더 완전하게 거부하고, 주님에게 그들 자신을 전적으로 내맡기도록 이끌림을 당했다. 그러나 이 책을 읽는 사람들 가운데는 오순절의 충만한 축복에 관해 거의 들어보지 못한 그리스도인들이 있을 수 있다. 지금 그들의 마음속에 그 성령에 참여하고자 하는 열망이 일어날 수도 있다. 그들은 자기들의 삶이 죄로 가득 차 있다는 사실을 인정할 준비가 되어 있다. 그들은 성령으로 충만해지기 이전에 먼저 오랫동안, 그리고 진정으로 애써야 했던 것처럼 그들에게 보이는 것을 시인할 준비가 되어 있다.

나는 그들에게 신선한 용기가 일어나도록 해주고 싶다. 그들이 다음과 같이 말씀하셨던 하나님께로 향하게 하고 싶다.

"그 작은 자가 천 명을 이루겠고 그 약한 자가 강국을 이룰 것이라. 때가 되면 나 여호와가 속히 이루리라"(사 60:22).

나는 하나님이 그들을 축복하실 그 장소로 그들을 데려가 안내해주고 싶다. 이러한 축복을 받을 수 있는 태도가 무엇인지 설명하는 하나님의 말씀을 지적해주기 위해 그들을 안내해주고 싶다.

먼저 자신의 마음을 거룩하게 하라

에스겔의 메시지에서 하나님은 먼저 약속하셨다. "나는 너희를 깨끗하게 할 것이다." 그러고 나서 말씀하셨다. "나는 너희 안에 나의 성령을 부어줄 것이다." 무엇이든지 귀한 것이 담기기 위해서는 먼저 그릇이 깨끗해야 한다. 그러므로 주님이 당신에게 새롭고 충만한 축복을 주시는 반면에 또한 새로운 죄 씻음이 일어나야 한다. 우리는 회심할 때 죄를 고백했고 죄악을 버렸다. 회심한 이후에 우리는 그 죄악을 극복하기 위해 노력했다. 그러나 그 노력은 주님이 열망하셨던 청결함과 거룩함을 알지 못했기 때문에 성공하지 못했다.

　새로운 죄 씻음은 죄에 대한 새로운 고백과 발견으로 연결되어야 한다. 낡은 구습의 흔적이 먼저 탐색되고 발견되지 않으면 깨끗하게 정화될 수 없다. 그리스도인의 삶이 죄로 가득 차 있다는 것을 이미 잘 알고 있다는 투로 말하지 말라. 우리는 그리스도인으로서 우리의 삶이 무엇인지를 보여주기 위한 분명한 목적을 가지고 조용히 묵상해야 한다. 얼마나 많은 자만심, 이기주의, 속된 마음, 완고함, 불순한 행위 등이 우리 안에 있는가? 이와 같은 마음으로 성령 충만함을 받을 수 있는가? 그것은 도저히 불가능한 일이다.

우리의 가정생활을 자세히 살펴보라. 급한 성질, 자신에 대한 불안함, 비통함, 가혹함, 혹은 우리가 죄 씻음을 받은 것이 얼마나 중요하지 않은 일인지를 증명해주는 온전하지 않은 말들이 얼마나 많은가? 또 교회생활을 살펴보라. 얼마나 많은 종교가 단순히 지적이고 형식적이며 참된 겸손의 영이 없이 사람을 기쁘게 하고 있는가? 그것은 살아계신 하나님에 대한 진정한 열망, 예수님에 대한 진정한 사랑, 신령과 진정으로 예배를 드리라고 하신 말씀에 대한 진정한 순종이 부족하기 때문이다.

우리 행동에 대한 일반적인 과정을 살펴보라. 우리 주위에 있는 사람들이 우리를 세상의 생각으로부터 자유롭게 하고, 존경할 만한 영을 소유한 사람으로 주목한다는 것을 증명할 수 있는지의 여부를 생각해보라. 주위 사람들이 우리를 하나님으로 말미암아 죄로부터 깨끗함을 받은 사람이라고 증명할 수 있는지의 여부를 고려해보라. 이러한 모든 것을 하나님이 우리로부터 기대하고 계신 것이 무엇인지의 관점에서 주의 깊게 관찰해보라. 하나님이 우리 안에서 일하시기 위해 무엇을 제안하셨는지를 깊이 생각해보라. 하나님이 우리에게 충만한 축복을 부어주시기 이전에 먼저 죄 씻음을 받아야만 하는 무능력한 영혼이라는 죄책감이 우리에게서 일어나는지 눈여겨보라.

이러한 발견과 더불어 더럽고 부정함을 물리치고 내던지는 것이 실제로 뒤따라야 한다. 이것은 우리가 해야 할 의무이다. 우리는 이러한 죄악들, 특히 우리 자신에게 힘든 죄악들을 가장 엄격하게 다루어야 한다. 우리는 하나님 앞에서 그러한 죄악들을 고백하고 포기해야 한다. 우리는 자신의 생활이 죄악으로 부끄러운 삶이라고 고백해야 한다. 우리가 너무 연약하다거나, 혹은 그리스도인의 수준 높은 삶을 살지 못하는 것을 당연하게 여겨서는 안 된다. 우리 삶에 대해 완전한 변화를 결심하는 것은 진정으로 결단해야 하는 문제이다. 하나님으로부터 우리를 여전히 차단하고 있는 죄악들은 벗어버려야 하며 없애야만 한다.

아마도 우리는 이런 과정을 통해 우리 스스로가 그 죄악을 없애고, 내던질 수 없다는 사실을 발견하게 될 것이다. 그러나 나는 여러분도 이러한 일을 행할 수 있다고 확신한다. 우리는 이러한 죄악들을 하나님에게 내맡길 수 있다. 만약 내가 직접 할 수 없는 일이 집안에서 생겨난다면 나는 나를 위해 그 일을 대신할 수 있는 사람을 부를 것이다. 나는 그 일을 그 사람의 손에 위탁할 것이다. 그러면 그 사람은 그 일을 행할 것이다. 그러므로 나는 내가 할 수 없는 일이라도 그러한 일들을 나의 집에서 제거할 수 있다.

이와 같은 방식으로 우리는 자신을 전적으로 무력한 존재로 느끼도록 대항하는 죄악들을 하나님께 내맡길 수 있다. 우리는 하나님이 열망하시는 방법대로 다루시도록 죄악들을 그분께 내맡길 수 있다. 그러면 하나님이 그분의 약속들을 성취하실 것이다. "나는 너희를 더러운 모든 것으로부터 정결하게 해줄 것이다."

그러기 위해서는 우리와 주님 사이에 명확한 이해가 있어야 한다. 우리는 우리 편에서 죄를 고백해야 한다. 그 죄와 영원히 작별인사를 해야 한다. 하나님으로부터 완전한 승리를 얻기 위해 우리 마음과 생명이 하나님의 손안으로 들어갔다고 하는 확신이 들 때까지 우리는 하나님을 기다려야 한다. 그러면 하나님이 행하실 것이다.

믿음으로 예수님 안에 거하라

회심할 당시 죄에 대한 인정이 피상적이거나, 예수님 안에 있는 믿음이 피상적이라면 예수님에 대한 우리의 영접은 죄에 대한 우리의 통찰력보다 더 깊지 못하다. 만약 우리가 회심한 이후에 마음속에 있는 죄를 스스로 극복할 수 없다는 사실을 깨닫게 된다면 우리는 죄악을 극복할 수 있는 능력을 하나님으로부터 받아야 한다. 하나님은 비록 우리의 마음속에 육신적인 생각이 죄악 된 성향과 함께 항상 남아 있다 하더라도 육신의 능력이 하나님에 의해 복종될 수 있도록 우리의 마음속에 거하실 것이다. 그때 우리는 더 이상 육신의 뜻을 행하지 않을 것이다.

하나님은 우리가 매일 하나님 앞에서 순전한 마음으로 걷게 하려고 예수님을 통해 모든 불의한 것으로부터 우리를 정결하게 해주실 것이다. 우리에게 진정으로 필요한 것은 하나님이 우리에게 이러한 변화가 일어나도록 준비하고 계심을 발견하는 일이다. 우리는 믿음으로 말미암아 지금 당장 그것을 받을 수 있다. 이것이 바로 예수님이 성령으로 말미암아 우리 안에서 일하시기를 열망하는 것이다.

예수님은 단지 죄책감을 주거나 죄에 대해 벌하기 위해 오신 것이 아니다. 죄 그 자체를 물리치기 위해 오셨다. 예수님은 율법의 능력과 통치를 완성하시고 그 율법이 우리를 저주하도록 하셨을 뿐만 아니라 죄의 능력과 통치를 완전히 파괴하고 제거하셨다. 예수님은 우리를 죄의 능력 아래 있는 영혼으로부터 새 생명을 얻은 영혼으로 완전히 구출하셨다. 예수님은 하나님의 거룩한 권위 안에 사신다. 그리고 우리 안에서 이러한 구원의 역사를 성취하기 위해 편재하신다.

예수님은 이러한 능력으로 우리 안에서 사실 것이며, 우리 안에서 하나님의 사역을 수행하실 것이다. 내주하시는 예수님의 성령은 우리 안에서 하나님의 구속하심을 유지시키고 나타나게 하도록 마음을 집중하고 계신다. 예수님은 우리가 고백했던 죄악들 ─ 자만심, 사랑 없음, 세상을 좇는 마음, 정결하지 못함 등 ─ 을 그분의 능력으로 말미암아 우리의 마음으로부터 완전히 제거해주실 것이다.

비록 육신적인 것들이 우리를 유혹한다고 하더라도 그 선택과 우리 마음의 기쁨은 그분 안에, 그리고 하나님의 뜻에 대한 예수님의 순종 안에 있어야 한다. 그렇다. 우리는 진정으로 우리를 사랑하시는 그분을 통해 모든 것을 넉넉히 이기게 된다.

"그러나 이 모든 일에 우리를 사랑하시는 이로 말미암아 우리가 넉넉히 이기느니라"(롬 8:37).

내주하시는 예수님의 성령은 우리 안에서 죄를 극복해 내신다.

그때 우리 편에서 요구되는 것은 무엇인가? 우리의 영혼이 예수님께서 이러한 일을 수행하실 것을 사실로 인정하게 된다면 그때 우리의 영혼은 하나님 앞에서 문을 열게 될 것이다. 우리 마음속에 예수님을 주님과 왕으로서 받아들이게 될 것이다. 그렇다. 그것은 즉시 끝낼 수 있다. 수십 년 동안 단단히 잠긴 채로 남아 있던 집이 마치 그 집의 문과 창문들이 열려 있었던 것처럼 한순간 빛에 의해 관통될 수 있다. 이와 마찬가지로 예수님이 그 능력으로 죄를 극복하는 승리를 주실 것이라는 사실을 알지 못했기 때문에, 수십 년 동안 어둠과 무력함으로 둘러싸인 채 남아 있던 우리의 마음은 예수님의 전적인 경험으로 한순간에 변화될 것이다.

우리가 우리의 죄악 된 상태를 인정하고 우리 자신을 하나님께 맡길 때, 이러한 일들을 수행하실 수 있도록 주님을 신뢰하게 될 때, 그때 예수님이 그 능력으로 우리 안에 있는 모든 것을 성취하실 것이며 취하실 것이다. 이것은 굳게 지속되어야 하는 믿음의 행위다. 문과 창문들을 갑자기 밀쳐 열 때, 어둠을 쫓아내는 빛이 비치게 될 때 우리는 집안에 먼지와 불결한 것들이 얼마나 많은지 즉시 발견하게 된다. 그러나 그 빛은 우리가 그 더러운 것들을 어떻게 없애는지

보기 위해 비추는 것이다.

우리가 예수님을 마음속에 받아들였을 때 아직 모든 것이 완성되지는 않는다. 그 빛과 기쁨은 즉시 보일 수 없지만 경험될 수는 있다. 오직 믿음으로 예수님이 신실하신 분이라는 사실을 알게 된 영혼은 하나님의 말씀을 붙잡을 것이며, 하나님의 사역을 확실히 행할 것이다. 그 순간까지 단지 추구되고 씨름했던 믿음이 이제는 하나님의 말씀 안에서 안식을 찾게 될 것이다.

우리는 믿음에 의해 시작된 것이 오직 믿음에 의해서만 추진되어야 한다는 사실을 알고 있다. 그 믿음은 말한다. "저는 예수 그리스도 안에 거합니다. 저는 예수님이 제 안에 거하시고, 예수님이 제게 그 자신을 나타내실 것을 알고 있습니다." 예수님이 말씀으로 나병환자를 깨끗하게 하신 것처럼 그 말씀으로 우리를 깨끗하게 하실 것이다. 그렇기에 우리는 믿음 안에서 그것의 증거를 보게 될 것이라는 사실을 확신해야 한다.

지금 당장 나의 주님을 붙잡으라

예수님은 먼저 "내가 너를 깨끗하게 해줄 것이다"라는 약속을 주셨다. 그리고 나서 "내가 너희들 안에 나의 성령을 줄 것이다"라는 두 번째 약속을 주셨다. 성령은 그 영혼 안에서 먼저 완전한 죄 씻음이 일어나지 않을 때는 능력을 나타내실 수가 없다. 그 마음을 충만하게 채우실 수 없으며, 그 마음속에 영원히 거하실 수가 없다.

성령과 죄악은 도덕적인 전쟁 상태에 있다. 왜 성령께서 죄악이 있는 교회 내에서 그렇게 연약하게 역사하고 있는지에 대한 유일한 이유는 아쉽게도 죄를 극도로 싫어하거나 던져버려야 할 것으로 인식하지 못하기 때문이다. 사람들은 예수님에게 죄를 깨끗하게 해주실 수 있는 능력이 있다는 사실을 믿지 못한다. 그 까닭에 예수님은 성령으로 세례를 베푸시는 사역을 행하실 수가 없다.

성령은 예수님으로부터 오셨다. 그리고 다시 예수님에게로 돌아가셨다. 예수님은 성령이 그 마음속에서 지배하도록 자유를 주셨다. 충만한 축복을 상속으로 받도록 자유를 주셨다. 만약 우리가 요청되는 것을 행할 수 있다면, 예수님 안에서 죄를 깨끗하게 해주시는 주님을 믿게 된다면 하나님이 그분의 말씀을 확실하게 성취하실 것을 확신해야 한다. "나는 너희의 죄를 깨끗하게 할 것이며, 나의 성령을 너희 안에 줄 것이다." 그렇기에 우리는 우리의 죄를 깨끗하게 해주시는 예수님께 붙어 있어야 한다. 예수님으로 하여금 우리 안에서 모든 일을 행하시도록 해야 한다. 그러면 하나님은 우리가 성령으로 충만해지는 것을 보시게 될 것이다.

만약 절대적인 순종이 있은 후에 우리의 마음이 그 성령을 느끼기를 원하지만 즉시 느낄 수 없다 하더라도 놀라지 말라. 만약 우리가 자신을 예수 그리스도에 의해 깨끗하게 된 순전한 그릇으로 나타내게 된다면, 우리 자신을 성령으로 충만하게 된다면 하나님은 우리가 하는 말을 그대로 믿으실 것이다. 그리고 말씀하실 것이다.

> "이 말씀을 하시고 그들을 향하사 숨을 내쉬며 이르시되 성령을 받으라"(요 20:22).

하나님은 우리에게 이전보다 더 많이 영광스럽게 성령을 나타내실 것이다.

그렇기에 우리는 성령이 우리에게 주어진 목적을 명심해야 한다. 하나님은 자신의 성령을 우리 안에 거하게 하시겠다고 말씀하셨다. 우리가 하나님의 법규 안에서 걷도록 하고, 그것들을 행하도록 하셨다. 성령의 충만함은 우리가 지금 정직하게, 전적으로 하나님의 뜻을 행하기 위해 살게 될 것이라고 하는 직접적인 목적으로 추구되어야 한다. 그렇다. 우리는 예수님처럼 살 수 있다. 그리고 예수님과 함께 다음과 같이 말할 수 있다.

> "이에 내가 말하기를 하나님이여 보시옵소서. 두루마리 책에 나를 가리켜 기록된 것과 같이 하나님의 뜻을 행하러 왔나이다"(히 10:7).

만약 우리 안에 이런 마음을 품는다면 성령의 충만함을 확실히 기대해도 된다. 하나님의 법 안에서 걷고, 하나님의 판단을 지키고, 그것들을 행할 수 있도록 우리 자신을 내맡기는 용기로 충만해질 것이다. 우리는 하나님이 우리에게 그분의 규례를 지키며, 그 법령을 행할 수 있게 해주시는 하나님의 말씀을 지키기 위해 하나님을 신뢰해야 한다. 비록 우리가 이전에 성령께서 어떻게 우리 안에 있게 되었는지 알고 있다 하더라도 하나님은 우리에게 더욱 충만한 축복을 경험하게 해주실 것이다.

성령의 충만함을 발견하지 못한 채 오랫동안 추구만 했는가? 우리는 마침내 여기서 그 충만한 축복을 얻을 수 있는 확실한 방법을 찾게 되었다. 그리스도인으로서 우리의 죄악 된 상황을 인정하고, 그 죄악을 하나님께 내맡기며, 또한 포기해야 한다는 것이다. 예수님이 예비하신 것을 인정해야 한다. 그러면 하나님의 성령이 마음속에 들어오심으로써 이러한 죄악들을 정복하고, 죄악들로부터 우리의 마음을 깨끗하게 해주실 것이다. 그러면 우리는 죄로부터 자유롭게 될 것이다. 지금 나의 주님을 붙잡으라. 지금 당장, 그리고 영원히 하나님이 그 일을 행하실 것을 확신하라. 하나님이 즉시 우리 안에서 그 일을 행하시도록 자신을 내맡겨라.

만물을 그에게 복종하게 하실 때에는 아들 자신도 그때에 만물을 자기에게 복종하게 하신 이에게 복종하게 되리니 이는 하나님이 만유의 주로서 만유 안에 계시려 하심이라. 고린도전서 15:28.

전적인 성화에 대하여 말할 때 우리는 성화의 보편적인 교리와 교회 내에서 실제로 가르치는 말씀 사이에 나타나는 구체적인 차이가 무엇인지를 자주 질문하게 된다. 거기에는 한 가지 대답만이 존재한다. 그것의 차이는 '모든'(all)이라는 사소한 단어에 놓여 있다. 이 단어가 진정한 성화에 관한 비밀의 푸는 열쇠이다. 그동안 거룩함의 필요성을 강조하는 보편적인 방법은 선포되었으나 '모든'에 대해서는 충분히 강조되지 못했다.

그리고 "성령의 충만함을 우리는 왜 더욱더 넓게 누리지 못하고 있는 것일까?"라는 물음에 관한 대답 또한 '모든'이라는 단어 속에서 설명될 수 있다. 하나님에 관한 모든 것, 죄에 관한 모든 것, 그리스도에 관한 모든 것, 순종에 관한 모든 것, 성령에 관한 모든 것, 그리고 믿음에 관한 모든 것을 충분히 이해하지 못하는 한 우리는 하나님이 행하실 모든 것을 누리지 못한다. 하나님의 은혜 가운데 성령 충만함을 유지하지 못한다.

이러한 관점에서 오순절의 충만한 축복을 생각해보자. 이것은 성령으로 말미암아 겸손하게 하나님을 기다리는 것이다. 하나님이 그 성령으로 말미암아 우리가 죄를 느끼도록, 그 죄악을 제거하는 게 무엇인지 알 수 있도록 기도하는 것이다. 그때 비로소 우리는 모든 것을 포기할 준비가 된다.

하나님에 관한 모든 것

대답은 모든 것이 되시는 하나님의 존재와 성품 안에 놓여 있다. 하나님으로부터, 하나님을 통해서, 그리고 하나님에게 만물이 있다. 하나님이신 그분은 모든 것의 생명이 되신다. 만물은 하나님의 직접적이고 계속된 작용 안에서 하나님의 선하심, 지혜, 능력을 나타내기 위한 수단으로써 존재할 뿐이다. 여기서 죄는 인간이 스스로 무엇인가를 결정하려 하고, 하나님께서 모든 것이 되신다는 사실을 허용하지 않는 것이다.

예수님의 구속은 하나님이 우리의 마음과 생명 안에서 다시금 모든 것이 되신다고 하는 것 외에 다른 어떤 목적도 없다. 마침내 예수님이 모든 것 안에서 모든 것이 되시는 하나님 아버지께 복종하게 되셨다. 이것은 구속이 보장되는 근거가 된다. 예수님은 그 자신의 생명은 아무것도 아니며, 오직 하나님이 모든 것이 되신다고 하는 것을 허용하기 위해 그 생명을 나타내 보이셨다. 예수 그리스도께서 한때 이 세상에 사셨던 것처럼 예수님은 여전히 그 백성들의 마음속에 지금도 살고 계신다. 이 기준에 따라 모든 것이 되시는 하나님은 우리의 삶 속에서 풍성히 공급해주신다.

하나님에 관한 모든 것, 이것은 반드시 우리가 추구해야 한다. 하나님의 뜻 안에서, 하나님의 경외하심 안에서, 하나님의 능력 안에서 하나님은 우리를 위해 모든 것이 되신다. 하나님의 뜻, 하나님의 영광, 하나님의 능력을 표현하지 않는 것은 우리 입술의 말과 우리 마음의 감동이 존재하지 않는 것이다. 우리의 육체적인 생명에 필요를 만족시키지 못하는 것이다.

이것을 식별할 수 있고, 그것에 동의할 수 있는 사람만이 성령 충만함의 결과가 무엇을 초래하는지 정확하게 이해할 수 있다. 우리가 충만한 성령을 받기 원한다면 모든 것을 저버려야 하는 것이 왜 필요한지를 정확하게 이해할 수 있다. 하나님은 단순히 어떤 것이 아니다. 그리고 단순히 더 많은 것도 아니다. 하나님은 문자 그대로 모든 것이 되신다.

죄에 관한 모든 것

죄란 무엇인가? 그것은 하나님으로부터 소외되어 있거나 분리되는 것이다. 인간이 그 자신의 의지, 그 자신의 경외함, 그 자신의 능력에 의해 인도함을 받는 그 장소에는 항상 죄가 존재한다. 하지만 하나님의 뜻, 하나님의 경외함, 하나님의 능력이 있는 곳에는 죄가 일하지 못하며 나타나지도 않는다. 그런 곳에서는 죄가 하나님으로부터 피조물에 이르기까지 완전히 외면당하기 때문에 머물 공간이 없다.

죄는 인간들 속에서 선한 어떤 다른 일과 함께 절대 공존할 수 없다. 그렇다. 하나님이 한 번 모든 것이 되신 것처럼 죄는 타락한 사람들 속에서 모든 것이 되었다. 죄는 하나님이 세상에서 일하기를 허용하신 지금, 인간의 전 존재를 지배하고 있으며 꿰뚫어 보고 있다. 모든 영역에 있어서 죄의 성격은 타락시키는 것이다. 우리는 여전히 하나님 안에서 인간의 본성을 갖고 있다. 그렇기에 우리의 모든 것은 죄의 영향력 아래 놓여 있다.

이러한 사실에 대한 지식은 회심할 당시에 어느 정도 필요하다. 그러나 이것은 여전히 아주 불완전하다. 만약 어떤 그리스도인이 성장하고 있다면, 그리고 성령으로 충만해야 할 필요성을 충분히 확신한다면 그의 눈은 죄가 그를 둘러싸고 있는 모든 것을 지배하고 있는 범위까지 열려야 한다. 그를 둘러싸고 있는 모든 것은 죄로 말미암아 타락되었다. 그러므로 하나님의 전능하심은 성령으로 말미암아 모든 것을 새롭게 소생시키신다. 인간은 아주 높은 수준의 의미에서 선에 대해 전적으로 무능력하다. 성령이 실제로 어느 때나 그 안에서 역사하지 않으신다면 그는 더 이상 선한 일을 행할 수가 없다. 그는 또한 이 세상이 그를 둘러싸고 있는 것을 명백히 아는 것과 마찬가지로 죄에 대한 모든 것을 보기 위해 배워야 한다. 모든 만물은 성화되고 죽음으로 생을 마쳐야 한다.

하나님에 관한 모든 것은 죄에 관한 모든 것을 반드시 쫓아낸다. 하나님은 다시금 우리 안에서 전적으로, 아주 완전히 거하신다. 죄가 침범하는 그 장소를 계속해서 점령하고 계신다. 우리는 이러한 변화를 올바르게 이해해야 한다. 성령의 충만함을 열망하고 믿어야 한다. 그러면 충만하신 성령은 확실히 우리 안에 거하시게 될 것이다.

그리스도에 관한
모든 것

아들은 아버지와의 관계에서 알 수 있다. 하나님에 관한 모든 것은 우리에게 나타내 보이셨고, 아들 안에서 우리가 이해하기 쉽게 되었다. 이러한 이유로 그리스도에 관한 모든 것은 마치 하나님에 관한 모든 것처럼 필요하고 절대적인 것이 되었다. 하나님이신 그리스도는 죄에 관한 모든 것을 원상태로 돌리고, 사람들 안에서 하나님에 대해 잃어버린 모든 것을 되찾고, 회복시키기 위한 책임을 지고 이 땅에 오셨다. 이러한 목적 때문에 우리는 예수 그리스도에 관한 모든 것을 철저히 알아야 할 필요가 있다.

대부분의 제자가 가진 그리스도에 관한 모든 사상은 그리스도께서 죄에 대한 속죄와 용서 안에서 모든 것을 혼자서 행하셨다는 것이다. 이것은 정말로 그리스도의 구속적인 역사의 영광스러운 시작이었다. 그러나 그것은 여전히 시작에 불과했다. 하나님은 우리에게 필요한 모든 것, 즉 생명과 은혜를 그리스도 안에서 주신다. 그렇기에 지금 그리스도는 그 자신이 우리의 생명과 힘이 되기를 열망하고 계신다. 그리스도는 그 자신이 우리의 마음속에 생기를 불어넣어 주시는 분으로 우리 마음의 내주자가 되기를 열망하고 계신다. 그 생명을 불어넣는 것이 하나님 앞에서 일어나도록 열망하고 계신다.

그리스도에 관한 모든 것을 아는 것과 그리스도께서 우리 안에서 모든 것이 되기 위해 어떻게 행하셨는지를 이해하는 것이 바로 진정한 성화의 비밀이다. 이러한 원리 안에서 하나님의 뜻을 분별하고, 하나님의 뜻을 실행하기 위해 자기 자신을 내려놓으셨던 그리스도는 오순절의 충만한 축복의 통로가 되셨다.

그러므로 우리는 그리스도에 관한 모든 것, 이것을 겸손하고 즐거운 감사의 마음으로 알아가야 한다. 그 모든 것이 하나님에 의해 그리스도 안에 주어졌다는 것을 고백해야 한다. 그리스도께서 모든 것이 되신다고 하는 사실과 그리스도께서 우리 안에서 모든 것을 행하실 것이라고 하는 약속을 온전히 확실하게 받아들여야 한다. 이것이 그렇게 되어야 한다는 것을 마음으로부터 순종해야 한다. 그리스도의 발밑에 모든 것이 놓여 있으며, 그리스도께 그것을 바쳐야 한다는 사실을 확신해야 한다.

두 가지가 공존하고 있다. 그리스도께서 모든 일을 하시도록 해야 한다. 그리스도께서 모든 것을 통치하고 다스리시도록 해야 한다. 그리스도께서 통치하지 않고 일하시지 않는 곳은 아무것도 아닌 것이 되게 해야 한다. 이러한 변화를 성취하는 것은 우리 스스로는 불가능한 일이다. 그리스도께서 모든 것이 되게 해야 한다. 하나님의 전능하신 힘으로 말미암아 그리스도께서 그 자신과 더불어 모든 것을 충만하게 채워주시도록 모든 것이 되게 해야 한다.

순종에 관한 모든 것

순종은 모든 것을 떠나고, 모든 것을 버리고, 모든 것을 제거하는 것이다. 그것이 바로 주님께서 이 땅에 계실 때 요구하셨던 것이다. 그 요구는 여전히 유효하다. 그리스도인의 삶에 있어서 주된 방해물은 바로 이것이다. 인간들은 그리스도께서 모든 것이 되신다고 하는 것을 믿지 못하기 때문에 그 결과로 그리스도께 모든 것을 드려야 할 필요성을 절대 생각하지 못한다.

모든 것이 그리스도께 주어졌다. 모든 것이 다 죄 아래 놓여 있었기 때문이다. 그리스도는 어떠한 일, 즉 그리스도께서 완전히 소유하고 채우실 수 있는 것들이 그리스도께 온전히 항복하지 않을 때 그것을 깨끗하게 정화시키실 수가 없다. 그리고 유지하실 수도 없다. 그렇기에 모든 것은 반드시 그리스도께로 주어져야 한다. 그리스도는 홀로 하나님의 모든 것이 우리 안에서 정당하게 최고의 것이 되게 하실 수 있기 때문이다.

심지어 실용적이거나 합법적이거나 혹은 결백한 것이 나타난다고 하더라도 우리가 자신의 소유물을 꽉 붙잡고 있을 때, 그리고 그것이 우리 자신의 즐거움을 위한 것일 때 우리의 이기적이라는 오점에 의해 더럽혀지게 된다. 우리는 그리스도의 손과 능력 안에서 그것을 순종해야 한다. 오직 그곳에서만 성화될 수 있다.

그리스도인들이 이러한 요구에 대해 그토록 무지하기에 그들의 모든 기도와 경청은 아무런 소용도 없게 되는 것이다. 만약 우리가 진정으로 성령 충만함을 위해 하나님께로 돌아설 준비가 되어 있다면, 우리의 마음을 정결하게 해서 그 순결함을 진정으로 유지할 준비가 되어 있다면 그때 모든 것을 존중히 여기고 다루는 게 우리의 축복된 특권이라는 사실을 발견하게 될 것이다. 그 모든 것은 바로 우리가 그리스도께 주어졌던 것처럼 애써 노력하고 행하는 것이다. 순종에 관한 모든 것은 그리스도에 관한 모든 것을 우리가 경험하는 것만큼의 분량이 될 것이다.

우리는 앞장에서 순종이 즉시, 전체적으로 수행되어야 한다는 사실을 보았다. 우리가 단순히 이러한 생각을 하게 하는 것이 아니라 실제로 그것을 행할 수 있도록 해야 한다. 그렇다. 바로 지금 그리스도에 관한 모든 것이 우리 편에서 즉각적이고 완전한, 그리고 영원한 것이 될 순종에 대한 모든 능력이 되게 해야 한다.

성령에 관한 모든 것

하나님에 관한 모든 것과 그리스도에 관한 모든 것은 성령에 관한 모든 것의 필요한 결과로써 요구된다. 이것이 바로 우리 안에 거하심으로써 아들을 영화롭게 하는 성령의 사역이다. 이것이 아버지를 계시하시기 위한 성령의 사역이다. 성령이 모든 것이 되지 않고 그 자신의 능력으로 모든 것을 꿰뚫지 못한다면 성령께서 어떻게 그것을 행하실 수 있겠는가? 성령으로 충만하게 되는 것은, 성령이 모든 것이 되게 하는 것은 진실하고 건강한 그리스도인의 삶에 없어서는 안 될 필수 불가결한 일이다.

삼위일체의 하나님이 모든 것이 되어야 한다는 진리를 분별하지 못하는 것은 오늘날 크리스천들의 삶 속에서 커다란 손실을 초래하는 원인이 되었다. 심지어 회심한 그리스도인들조차 가끔 자신의 존재가 무엇인지, 자신이 열망하는 게 무엇인지, 자신을 기쁘게 하는 게 무엇인지, 자신을 행복하게 하는 게 무엇인지를 충족시키는 일을 삶의 첫 번째 목적으로 삼는다. 그리고 이러한 자신의 안위를 위해 하나님 안에 있는 모든 것을 두 번째 목적으로 여긴다.

그들은 하나님의 요구를 첫 번째, 혹은 가장 중요하게 고려해야 할 문제로 생각하지 않는다. 그들은 하나님이 그들 안에서 그분의 거룩한 영광을 나타내기 위해 자신들의 평범하고 사소한 일상까지 다루신다는 사실을 깨닫지 못한다. 그들은 하나님의 뜻과 행하심으로 채워지는 이러한 전적인 충만함이 그들의 삶 속에서 가장 행복한 일임을 알지 못한다. 그들은 예수님께서 이 땅에서 하나님 아버지의 뜻에 전적으로 순종하는 삶을 사셨던 것과 같이 지금도 자신들의 마음과 일상에서 같은 방식으로 일하며 거하시기 위해 준비하고 계신다는 사실을 알지 못한다. 이러한 여러 가지 이유로 그들은 왜 성령이 모든 것이 되어야 하고, 그들을 왜 충만하게 채워야 하는지 그 필요성에 대해 결코 온전히 이해하지 못한다.

이와 같은 생각이 자신에게 어떤 영향을 끼치고 있다면 우리는 자신이 반드시 성령께서 우리 안에서 모든 것이 되심을 인정해야 한다. 그런 다음 마음으로부터 다음과 같이 고백해야 한다. "저는 성령께서 모든 것이 되시는 것을 제외하고는 그 어떠한 일을 하는 데 자유롭지 못합니다." 그리고 이 고백 위에 그리스도께서 하나님의 모든 것을 회복하기 위해 오셨다는 단순한 생각을 덧붙여야 하며, 우리 안에서 그리스도의 모든 것을 계시하시기 위해 성령이 주어졌다는 단순한 사실을 덧붙여야 한다. 더불어 하나님의 사랑은 우리와 함께 하나님의 최고 처소인 우리의 마음을 다시금 안전하게 하기를 갈망하고 계신다는 사실을 덧붙여야 한다. 그럴 때 비로소 우리의 마음은 하나님 아버지께서 실제로 성령의 충만함을 주신다고 하는 확고한 확신으로 충만하게 될 것이다.

믿음에 관한 모든 것

모든 일은 믿는 성도들에게만 가능하다.

> "예수께서 그들에게 대답하여 이르시되 하나님을 믿으라. 내가 진실로 너희에게 이르노니 누구든지 이 산더러 들리어 바다에 던져지라 하며 그 말하는 것이 이루어질 줄 믿고 마음에 의심하지 아니하면 그대로 되리라. 그러므로 내가 너희에게 말하노니 무엇이든지 기도하고 구하는 것은 받은 줄로 믿으라. 그리하면 너희에게 그대로 되리라"(막 11:22-24).

이 책 마지막 부분은 왜 믿음이 모든 것이 되어야 하는지를 이해 시켜주고 가르쳐준다. 하나님이 모든 것이 되기 때문이다. 우리에게 있어 하나님을 받아들일 수 있는 능력을 제외하고는 그 안에 선한 것이라고는 아무것도 없기 때문이다.

우리가 믿음 있는 성도가 되었을 때 하나님의 계시는 우리에게 그 자체가 하늘의 거룩한 빛이며 조명이 된다. 그때 우리는 하나님 께서 우리를 위해 준비하신 것이 무엇인지를 보게 된다. 우리는 하 나님 앞에서 우리의 영혼을 잠잠히 유지하고 하나님께 그 영혼을 열 게 된다. 우리는 하나님이 성령으로 말미암아 모든 일을 하실 수 있 도록 기회를 드리게 된다. 우리가 더욱더 끊임없이, 계속해서 믿으 면 믿을수록 더 완전하게 하나님의 모든 것이 될 수 있다. 더 충만하 게 그 안에서 예수님이 일하실 수 있게 된다.

우리가 반드시 해야 하는 유일한 한 가지 일은 하나님 앞에서 우 리의 영혼을 열고, 하나님이 우리 안에서 자유롭게 일하실 수 있도 록 하는 것이다. 그럼에도 그것이 교회 안에서 얼마나 하찮은 것으 로 이해되고 있는가? 하나님의 역사하심을 기꺼이 받아들이고 기대 하는 믿음은 모든 것을 받아들이며, 모든 것을 성취할 수 있다. 우리 의 모든 무능력함과 죄악을 바라볼 때마다, 하나님의 모든 약속과 그것을 성취하시는 하나님의 능력을 볼 때마다 하나님이 모든 것을 행하실 수 있다고 하는 믿음은 우리 안에 기쁨이 될 것이다.

우리는 바로 지금 이러한 믿음으로 예수님을 바라보아야 한다.

알려진 모든 죄악을 제거하기 위해 행동으로 옮겨야 한다. 우리를 정결하게 해주시는 분으로서 그리스도를 받아들여야 한다. 그러한 믿음만이 그리스도의 모든 것을 있는 그대로 받아들일 수 있게 한다. 그럴 때 우리의 믿음은 성령의 모든 것이 우리의 합법적인 유산이 되는 것을 보게 될 것이다. 우리의 소망은 하나님에 의해서 우리가 충만한 축복을 받게 되는 것을 확신하게 될 것이다.

하나님에 관한 모든 것, 그리스도에 관한 모든 것, 성령에 관한 모든 것이 헤아릴 수 없을 만큼 그토록 광대한 것이라면, 죄에 관한 모든 지배와 무서운 능력이 그토록 끝없이 무한한 것이라면, 전적으로 하나님을 위해 살기로 한 우리의 결정이 그토록 진실한 것이라면 우리는 하나님이 우리를 위하여 마음껏 일하실 수 있도록 자신을 내드려야 한다. "나를 믿는 자는 성경에 이름과 같이 그 배에서 생수의 강이 흘러나오리라 하시니"(요 7:38). 그리스도인들이여, 오늘 분명히 해야 할 무언가가 있다. 성령께서 말씀하신다.

"그는 우리의 하나님이시요. 우리는 그가 기르시는 백성이며 그의 손이 돌보시는 양이기 때문이라. 너희가 오늘 그의 음성을 듣거든"(시 95:7).

나는 여러분이 성령의 빛과 즐거움으로 즉시 흘러넘칠 것이라고 약속할 수 없다. 나는 여러분이 오늘 바로 이 시간에 성령을 체험하고 진실로 축복을 받게 될 것이라고 약속하지 못한다. 그러나 분명한 사실이 있다. 오늘 여러분이 자신을 정결하게 하고 세례를 베푸는 분으로서, 그리고 성령으로 충만하게 하는 분으로서 그리스도를 받아들일 수 있다는 사실이다.

그렇다. 우리는 오늘 우리의 전 존재를 그리스도께 순종하여 전적으로 성령의 지배 아래 영원히 있게 할 수 있다. 오늘 우리는 성령에 대한 모든 것을 우리의 개인적인 소유물로 인정하고 전유할 수 있다. 오늘 우리는 믿음이 요구하는 모든 것에 순종할 수 있다. 예수님이 성령을 통해 우리 안에서 일하실 것이라는 전적인 믿음 안에서 삶을 다시 시작할 수 있다.

우리는 이것을 반드시 행해야 한다. 지성소에서 무릎을 꿇고 그것을 행해야 한다. 그리스도께서 무엇을 행하기 위해 준비하고 계시는지 다시 한번 깨달아야 한다. 성령으로 충만하게 되기 위해 자신을 비워야 한다. 그러면 하나님이 하나님의 때에 우리 안에서 그것을 확실하게 성취하실 것이다. 예수님은 오늘 우리의 항복을 받아들이셨다는 확신을 줄 준비를 마치셨다. 그러므로 우리도 성령의 충만함이 우리에게 속해 있다고 하는 확신을 우리의 마음에 준비시켜야 한다. 그것을 오늘 우리에게 주시도록 예수님을 기다려야 한다!

사랑하는 형제들이여, 나의 마지막 조언을 경청하라. 하나님에 관한 모든 것이 당신을 부르고 있다. 예수님이 요구하신 것에 순종하는 모든 것이 당신을 부르고 있다. 성령에 관한 모든 것, 하나님의 필수 불가결한 것, 하나님의 영광이 당신을 부르고 있다. 믿음에 관한 모든 것이 당신을 부르고 있다. 그렇기에 당신은 하나님 앞으로 나아가 하나님의 사랑이 당신을 다스리도록 해야 한다. 하나님 앞에 나아가 영광스러운 구원이 당신을 지배하도록 해야 한다.

당신은 절대 물러서서는 안 된다. 삼위일체 하나님이 당신의 모든 것을 위해 준비하고 계신다는 영광스러운 소식으로부터 후퇴해서는 안 된다. 당신의 영혼이 "내 안에서 하나님이 모든 것이 되어주실 것이다"라는 확실한 대답이 주어질 때까지 결코 포기해서는 안 된다. 오늘 다시 한번 하나님의 모든 것이 되며, 우리를 위해 자신의 생명을 내주신 분으로서 예수님을 붙잡으라. 이러한 최고의 목적을 위해 당신의 영혼을 복종시켜라. 하나님은 반드시 그분의 성령으로 당신을 충만하게 채워주실 것이다.

"나를 믿는 자는 성경에 이름과 같이 그 배에서 생수의 강이 흘러 나오리라 하시니 이는 그를 믿는 자들이 받을 성령을 가리켜 말씀하신 것이라"(요 7:38-39).

"오직 성령이 너희에게 임하시면
너희가 권능을 받고 예루살렘과 온 유대와
사마리아와 땅끝까지 이르러
내 증인이 되리라 하시니라"(행 1:8).

특별수록

머레이가 즐겨 읽던
루터의 〈단순한 기도방법〉

이 원고는 머레이가 삶 속에서 기도에 관한 영감을 얻기 위해 자주 묵상했던 내용이다. 루터는 이발사이자 오랜 친구인 페터 베스켄도르프에게서 "온전히 기도할 수 있는 방법을 가르쳐달라"는 부탁을 받고, 친구를 위해 아주 간단하고 명료하게 편지글 형태로 이 원고를 집필했다. 특별히 이 원고를 이 책에 수록한 것은 머레이가 경험했던 영적 능력의 세계를 독자들이 직접 체험해 보기를 간절히 바라는 마음에서다.

* * * * *

사랑하는 벗, 페터에게.

지난번 편지에서 자네가 내게 부탁한 것처럼 개인적으로 기도하는 방법에 관해 내가 알고 있는, 그리고 현재 내가 하는 기도 방법에 관해 몇 가지 소개하고자 하네. 또한 사랑의 주님이 자네를 비롯한 누구든지 나보다 기도를 더 잘할 수 있도록 허락해주시기를 기도한다네. 아멘.

친구여, 무엇보다 번잡한 일이나 생각 때문에 기도에 대한 열정이 식고 즐거움이 사라진 것 같을 때(육신과 사탄이 늘 기도를 훼방하고 가로막아서) 나는 간단한 시편 모음집을 들고서 급히 내 방으로 들어가거나, 혹은 교회에 가서 시간이 허락하는 만큼 조용히 나 자신과 대화를 나눈다네. 그렇지 않으면 주기도문이나 십계명, 사도신경, 그리고 시간상으로 여유가 있으면 예수님의 말씀이나 바울 서신, 시편 가운데 일부를 어린아이처럼 한마디 한마디 읽어 내려가기도 한다네.

친구여, 기도로 아침을 시작하고 기도로 하루를 끝마치는 것은 좋은 일이라네. 하지만 그릇된 생각에 현혹되지 않도록 조심해야 한다네. '잠시만 기다려라. 기도는 잠시 미루어두고 먼저 닥친 일부터 처리하고 보자.' 이런 식의 생각은 다른 일에 정신을 쏟게 해서 기도를 멀리하게 하고, 그날의 기도를 못 하게 만든다네. 기도만큼 중요하거나 그보다 더 긴급한 일을 먼저 처리해야 할 때도 있겠지만 우리는 항상 기도에 우선순위를 두어야 한다네.

자네 혹시 라틴어 성경인 불가타역을 번역한 제롬을 아는가? 그는 마태복음 25장을 주석하면서 "성도가 하는 일은 무엇이든지 기도이다"라고 말했다네. 또한 격언 중에 "성실하게 일하는 사람은 두 번 기도한다"라는 말이 있다네. 이는 성도는 자기 일을 통해 하나님을 경외하고, 이웃에 대해 속이지 말고, 도둑질하지 말고, 죄를 범하지 말라는 계명을 기억하기 때문에 성도가 하는 일은 기도와 찬양의 제물로 확실히 바뀐다는 뜻이지.

반면에 불신자가 하는 일은 저주와 다르지 않아서 믿음 없이 일하는 사람은 이중으로 저주를 받는다네. 그런 사람은 일하면서도 하나님을 무시하고, 이웃의 이익을 취하거나 훔치고 속이면서 하나님의 법을 어기는 데 골몰한다네. 그런 생각은 하나님과 사람을 존중하지 않기 때문에 일과 노력을 이중적인 저주로 만들어 자신을 저주하게 한다네. 결국 그런 생각 때문에 죄를 범하게 되는 것이지.

우리 주 예수님께서 누가복음 11장에서 "쉬지 말고 기도하라"(9-13절, 살전 5:17)고 말씀하신 것도 그런 의미라네. 죄를 범하지 않기 위해서는 부단히 기도하라는 뜻이지. 죄와 잘못은 줄곧 조심해야 하지만 하나님을 두려워하고 그분의 계명을 명심하지 않으면 불가능하다네. 그래서 시편 기자는 이렇게 노래했다네. "오직 여호와의 율법을 즐거워하여 그의 율법을 주야로 묵상하는도다"(시 1:2).

친구여, 여기서 우리가 조심해야 할 것이 있다네. 그것은 진정한 기도의 습관을 깨거나, 결국에 가서 무익한 것으로 밝혀지는 다른 일들을 꼭 해야 하는 것처럼 중요하게 여기는 것이라네. 그렇게 되면 생활이 문란해지거나 게을러져서 마침내 기도에 관한 관심이 사라지게 된다네. 친구여, 우리를 괴롭히는 사탄은 그렇게 게으르거나 부주의하지 않다는 사실을 꼭 명심해주면 좋겠네. 우리의 육신 또한 죄를 지을 준비가 되어 있을 뿐 아니라 그것을 갈망하고, 기도의 영을 내켜 하지 않는다는 사실 역시 깊이 주의해주기 바라네.

친구여, 주기도문이나 십계명, 예수님의 말씀을 읽거나 암송하다가 마음이 뜨거워지는 경험을 한 적이 있는가? 나는 그럴 때면 손을 모은 채 무릎을 꿇거나 서서 하늘을 바라보고, 가능하면 다음과 같이 간단히 기도를 드린다네.

"하늘에 계신 아버지, 사랑의 하나님이시여! 저는 보잘것없는 죄인입니다. 저는 당신을 올려다보거나 손을 모을 수 있는 자격이 없습니다. 그런데도 당신이 우리 모두에게 기도하라 말씀하시고, 귀를 기울이겠다 약속하시고, 당신의 사랑스러운 아들 예수 그리스도를 통해 어떻게 기도하고 무엇을 해야 할지 가르쳐주셨으니, 당신의 자비로우신 언약을 의지하고 당신의 말씀에 순종하며 나아갑니다. 저는 모든 성도와 더불어 나의 주 예수 그리스도의 이름으로 그분이 가르쳐주신 기도("하늘에 계신 우리 아버지여…")를 조금도 어긋남 없이 따라 합니다."

그런 다음, 주님이 가르쳐주신 기도(마 6:9-13)를 차근차근 생각하면서 다음과 같이 기도한다네.

첫 번째 간구. "이름이 거룩히 여김을 받으시오며."

"그렇습니다. 주 하나님, 사랑의 아버지시여! 당신의 이름이 우리 안에서와 온 세상에서 거룩히 여김을 받으시옵소서. 증오, 우상숭배, 이교도, 그리고 온갖 거짓 교사들과 당신의 이름을 잘못 사용하여 망령되이 부르고, 한껏 모욕하는 광신자들을 근절시켜주소서. 그들은 고집스럽게 당신의 말씀을 가르치고 있다고 자랑합니다. '너는 네 하나님 여호와의 이름을 망령되게 부르지 말라. 여호와는 그의 이름을 망령되게 부르는 자를 죄 없다 하지 아니하리라' (출 20:7). 하지만 실제로는 불쌍한 영혼들을 가증스럽게 유혹하려고 사탄의 책략과 속임수를 활용합니다. 심지어 생명을 빼앗거나 무고한 피를 흘리게 하고 박해하면서도 당신에게 거룩한 예배를 드리고 있다고 생각합니다.

사랑의 주 하나님! 그들을 변화시키고 막아주소서. 변화되어야 할 사람들을 변화시키셔서 그들과 우리가, 그리고 우리와 그들이 참되고 순수한 가르침과 선하고 거룩한 삶으로 당신의 이름을 거룩하게 찬양하게 하소서. 당신의 거룩한 이름을 그릇되게 사용하고, 더럽히고, 영광을 가리고, 불쌍한 이들을 잘못 인도하는 일을 그칠 수 있도록 그들을 막아주시고, 그들을 온전한 하나님의 사람으로 변화시켜 주시옵소서. 아멘."

두 번째 간구. "나라가 임하시오며." 계속해서 이렇게 기도한다네.

"사랑의 주님, 하나님 아버지시여! 당신은 세상적으로 지혜로운 사람과 이성적인 사람이 당신의 이름을 어떻게 더럽히고 당신에게 바쳐야 할 영광을 거짓과 사탄에게 어떻게 돌리는지, 그리고 당신이 그들에게 세상을 다스리고 당신을 섬기도록 허락하신 권세, 능력, 재물, 영광 등을 당신의 나라와 맞서겠다는 헛된 생각에 어떻게 이용하고 있는지 아십니다. 그들은 많고 강력합니다. 그들은 약하고, 멸시받고, 몇 안 되는 당신 나라의 작은 무리를 괴롭히고 훼방합니다. 당신에게 속한 무리를 용납하지 못할뿐더러 그들을 괴롭히는 일을 대단히 거룩한 예배로 간주하기도 합니다.

사랑의 주님, 하나님 아버지시여! 그들을 변화시키고 막아주소서. 당신의 자녀와 당신의 나라에 속한 사람들을 변화시키셔서 그들과 우리가, 그리고 우리와 그들이 진정한 믿음과 거짓 없는 사랑으로 당신을 섬기고, 이미 시작된 당신의 나라를 지나 당신의 영원한 나라에 들어갈 수 있게 하소서. 권세와 능력으로 당신의 나라를 해하려는 이들로부터 우리를 지켜주셔서 그들이 왕좌에서 쫓겨나 겸손해져서 잘못된 행동을 하지 않게 하소서. 아멘."

세 번째 간구. "뜻이 하늘에서 이루어진 것같이 땅에서도 이루어지이다." 그리고 이렇게 거듭 기도한다네.

"사랑의 하나님 아버지시여! 당신은 세상이 당신의 이름을 어찌하지 못하고, 당신의 나라를 파괴하지 못하면서도, 당신의 이름과 말씀과 나라와 자녀를 해칠 속셈으로 악한 속임수와 계략, 이상한 음모와 술책을 구사하고, 은밀히 모여서 일을 꾸미고, 서로 격려하고 도와주며, 화를 내며 위협하고, 온갖 악한 생각을 궁리하느라 하루가 짧다는 것을 아십니다.

그러므로 사랑의 주님, 아버지 하나님이시여! 그들을 변화시키시고 우리를 지켜주소서. 당신의 선한 뜻을 인정하지 않는 이들을 변화시키셔서 그들과 우리가, 그리고 우리와 그들이 당신의 뜻을 위해 살아가고, 당신을 위해서 어떤 불의와 십자가와 어려움이든지 간에 기쁘고 끈기 있게 감당해서 당신의 인자하고, 자비롭고, 완전한 뜻을 인정하고, 살펴보고, 맛볼 수 있게 하소서.

그렇지만 화를 내고, 격노하고, 증오하고, 위협하는 이들에게서 우리를 지켜주소서. 그러면 악한 생각을 품은 이들이 우리를 더 이상 해치지 못할 것입니다. 우리가 시편의 말씀 '그의 재앙은 자기 머리로 돌아가고 그의 포악은 자기 정수리에 내리리로다'(시 7:16)를 노래하듯이 악한 계략, 속임수, 노림수 등이 전혀 힘을 발휘하지 못하고 그들에게 되돌아가게 하소서. 아멘."

네 번째 간구. "오늘 우리에게 일용할 양식을 주시옵고." 나는 이 말씀을 묵상하면서 이렇게 기도한다네.

"사랑의 주님, 아버지 하나님이시여! 이렇게 잠시 육체적인 삶을 사는 동안에도 역시 당신의 축복을 허락해주소서. 복된 평안을 우리에게 자비롭게 허락하소서. 전쟁과 혼란에서 보호하소서. 세상의 지도자들에게 적과 맞서 승리하고 축복을 누리게 하소서. 지도자들이 세상의 나라를 평화롭고 번영되게 이끌도록 지혜와 이해력을 허락해주소서. 모든 지도자에게 선한 교훈을 허락하시고, 평온하고 정의롭게 자신의 백성들을 보존할 수 있게 하여주소서. 특별히 우리 지도자들에게 당신의 보호와 쉴 곳을 허락하고 도와주셔서 어떤 해로움도 겪지 않게 하시고, 악한 입과 충성을 모르는 사람들로부터 안전히 잘 다스리게 하소서. 모든 섬기는 이가 충성스럽게 순종하는 자세로 섬기도록 그들에게 은총을 허락해주소서.

도시에 살든지 시골에 살든지 간에 누구나 부지런하고 서로를 사랑하고 성실하게 대하게 허락해주소서. 좋은 날씨를 주시고 풍성한 추수를 허락하소서. 당신에게 내 집과 재산, 아내와 자녀를 맡깁니다. 그들과 행복하게 지내게 해주시고, 그리스도인으로서 살아갈 수 있도록 도와주고 가르치게 하소서. 이 세상에서의 삶을 훼방하고 해를 입히는 파괴자와 사탄들에게서 우리를 지켜주소서. 아멘."

다섯 번째 간구. "우리가 우리에게 죄지은 자를 사하여 준 것같이 우리 죄를 사하여 주시옵고." 계속해서 이렇게 기도한다네.

"사랑의 하나님 아버지시여! 우리를 심판하지 말아주소서. 그 누구의 삶도 당신 앞에서는 의로울 수 없기 때문입니다. 영적으로나 육체적으로나 말로 표현할 수 없을 만큼 베푸신 당신의 선하심에 감사하지 않고, 시편 말씀 '자기 허물을 능히 깨달을 자 누구리요. 나를 숨은 허물에서 벗어나게 하소서'(시 19:12)의 내용처럼 우리가 인정하고 깨닫는 것보다 자주, 하루도 거르지 않고 거듭 죄에 빠져드는 것을 죄로 간주하지 말아주소서. 우리가 얼마나 선하고 악한지 살피지 마시고, 당신의 사랑스러운 아들 예수 그리스도 안에서 우리에게 허락하신 한없는 자비하심으로 살펴주소서.

우리를 괴롭히고 잘못한 이들을 진심으로 용서하오니 그들을 용서하소서. 그들의 잘못은 당신의 화를 자초해서 스스로 더할 수 없는 해를 입히고 있습니다. 그들이 멸망하더라도 우리에게는 전혀 도움이 되지 않습니다. 오히려 우리와 더불어서 구원받기를 더욱더 간구하오니 그들의 영혼을 불쌍히 여기사 구원해주소서. 아멘."

여섯 번째 간구. "우리를 시험에 들게 하지 마시옵고." 덧붙여서 이렇게 기도한다네.

"사랑의 하나님 아버지시여! 우리를 당신의 말씀을 따르고 의식하며, 갈망하고 게으르지 않게 만드사 마치 모든 것을 얻은 양 무관심하고 나태하여 늘어지지 않게 하소서. 두려운 사탄이 우리를 덮치지 않게 하시고, 당신의 소중한 말씀을 앗아가거나 우리 안에 다툼과 파벌을 형성하고, 영적으로나 육체적으로나 다른 죄와 부끄러움에 빠져들게 하지 못하게 하소서. 당당하게 사탄과 맞서고 승리를 거둘 수 있도록 당신의 영을 통해 지혜와 능력을 허락해주소서. 아멘."

일곱 번째 간구. "다만 악에서 구하시옵소서." 이어서 이렇게 기도한 다네.

"사랑의 주님, 아버지 하나님이시여! 이 부끄러운 삶은 괴로움과 재앙, 위험과 불확실함, 그리고 원한과 불신뿐이라서(바울도 에베소서 5장 16절에서 '때가 악하다'고 말한다) 삶은 당연히 고달프고 죽음을 기대하게 됩니다. 하지만 사랑스러운 아버지가 되시는 당신은 우리의 약점을 아십니다. 그러니 정말 사악하고 흉악한 일을 무사히 지날 수 있도록 도와주시고, 우리에게 마지막 순간이 닥칠 때 당신의 자비에 힘입어 기뻐하며 슬픔의 골짜기를 떠나게 허락하소서. 그리하면 죽음을 마주해도 두려워하거나 낙심하지 않고 흔들림 없는 믿음으로 우리의 영혼을 당신의 손에 맡길 수 있습니다. 아멘."

끝으로, 늘 흔들림 없이 "아멘"이라고 말하는 게 중요하다는 사실을 지적해 둔다네.

자비하신 하나님이 자네에게 분명히 귀를 기울이시고, 자네의 기도에 "그렇게 하겠다"고 말씀하신다는 사실을 어떤 경우에라도 의심해서는 안 되네. 자네가 홀로 무릎을 꿇거나 서 있다고 생각하지 말고, 경건한 그리스도인 모두가 자네 옆에 있으며, 자네가 그들과 함께 힘을 합쳐 하나님이 외면하실 수 없는 간구를 하고 있다는 사실을 떠올려야 한다네.

그리고 항상 다음과 같은 확신이 생길 때까지 결코 기도를 멈춰서는 안 되네. "정말 하나님이 내 기도를 들어주셨어. 나는 이것을 흔들림 없이 온전히 믿어." 이것이 바로 아멘의 의미일세.

주님의 기도를 검토할 수 있는 시간과 기회를 얻었으니 이제 십계명
역시 계속해서 살펴보도록 하겠네(루터는 십계명을 현재 우리가 배
우는 것과는 사뭇 다르게 구분한다. 루터는 십계명 가운데 9, 10계
명을 9계명으로 분류하고 있다 - 역자 주). 기도하는 데 활용할 수
있도록 산만하지 않으면서도 가능한 한 자유롭게 한 부분씩 검토해
보겠네.

십계명은 각각의 계명을 네 가지 부분으로 구분하고, 그것을 네
개의 가닥으로 삼아 화관을 만들 수 있다네. 이것을 구체적으로 설
명하면 이렇다네.

첫째, 나는 각각의 계명을 실제로 의도가 담겨 있는 가르침으로
생각하고, 하나님이 내게 아주 간절히 요구하시는 내용으로 간주한

다네. 둘째, 나는 십계명을 감사기도로 표현한다네. 셋째, 고백이라네. 그리고 넷째는 기도라네. 이것을 다음과 같이 생각이나 글로 표현할 수 있다네.

첫째 계명. "나는 네 하나님 여호와니라. …너는 나 외에는 다른 신들을 네게 두지 말라."

여기서 나는 하나님이 무슨 일이든지 자신을 진정으로 신뢰하기를 바라고 교훈하신다는 것과 그분에게는 나의 하나님이 되시는 게 가장 큰 소원이라는 것을 진지하게 살펴볼 걸세. 나는 영원한 구원을 잃어버리는 위험을 감수하더라도 이런 식으로 그분을 생각하지 않을 수 없다네.

첫째, 내 마음은 다른 것을 의지하거나 그 어떤 것도 신뢰할 수 없다네. 부유함이나 체면, 지혜, 권세, 경건이나 그 무엇도 마찬가지일세.

둘째, 나는 하나님의 한없는 동정에 감사한다네. 그분은 아버지처럼 나를 찾아오시고, 부탁이나 요구가 없어도 공로를 내세우지 않으시면서 나의 하나님이 되어주시고, 필요한 순간마다 위로와 보호와 도움과 능력을 베풀어주신다네. 죽을 수밖에 없는 불쌍한 우리는 여러 신을 찾아다녔고, 만일 하나님이 인간의 말로 우리의 하나님이 되겠다고 말씀하지 않으셨다면 지금도 여전히 찾아다니고 있을지도 모른다네. 이 어찌 그분께 영원히 감사하지 않을 수 있겠는가!

셋째, 나는 평생 아주 탁월한 교훈과 아주 소중한 선물을 어리석게 멸시하고, 헤아릴 수 없을 만큼 우상을 숭배해서 하나님의 분노를 크게 자극한 죄를 저지르고, 은혜를 저버린 일을 고백한다네. 나는 이것을 회개하고, 그분의 은총을 간구한다네.

넷째, 나는 이렇게 기도한다네.

"나의 하나님이신 주여! 당신의 은총에 힘입어서 하루도 거르지 않고 주님의 계명들을 더욱 자세히 익히고 이해하고, 그것들을 진심으로 확신하면서 살아갈 수 있도록 도와주소서. 내 마음을 지키셔서 또다시 잊어버리고 감사를 잊는 법이 없게 하소서. 다른 신이나 세상의 위로나 어떤 피조물을 따르지 않게 하시고, 나의 유일한 하나님이 되시는 당신만을 진정으로 좇을 수 있게 하소서. 사랑하는 하나님 아버지께 아멘을 돌립니다. 아멘."

둘째 계명. "너는 네 하나님의 이름을 망령되게 부르지 말라."

첫째, 나는 하나님의 이름을 경외하고, 거룩하고, 아름답게 대해야 한다고 배웠네. 하나님의 이름을 더럽히거나 저주하거나, 아니면 자신을 자랑하거나 명예를 추구하거나 높아지는 데 이용해서도 안 된다네. 겸손하게 그분의 이름을 부르고, 기도하고, 찬양하고, 높이고, 그리고 그분이 나의 하나님이 되시고, 나는 보잘것없는 피조물이며 무가치한 종이라는 사실을 유일한 자랑과 영광으로 삼아야 한다네.

둘째, 나는 다음과 같은 소중한 선물을 주신 하나님께 감사한다네. 하나님은 이름을 나에게 계시하고 허락하셨고, 나는 그 이름으로 영광을 돌리고 하나님의 종과 피조물이라고 불리고 있으며, 그분의 이름은 솔로몬이 말했듯이 의로운 사람이 피신해서 보호받는 강력한 성과 같은 피난처가 된다네. "여호와의 이름은 견고한 망대라. 의인은 그리로 달려가서 안전함을 얻느니라"(잠 18:10).

셋째, 나는 살아오면서 적잖게, 그리고 부끄럽게 이 계명을 어겼다는 사실을 고백하고 인정할 수밖에 없다네. 하나님의 거룩한 이름을 의지하고, 높이고, 영광을 돌리지 못했을 뿐 아니라 수치와 죄악을 좇느라 그분의 이름을 더럽히고, 거짓을 말하고, 배반하면서 잘못 사용했다네. 이것에 대해 쓰라리게 후회하고 은총과 용서를 간구한다네.

넷째, 이후로 이 계명을 배우고(순종하고), 하나님의 이름을 거부하면서 감사를 모르고, 악용하고, 죄를 범하지 않고, 그분의 이름을 존중하고 영광스럽게 대하면서 감사할 수 있는 도움과 능력을 간구한다네.

여기서 나는 주님의 기도를 거론하며 이미 앞에서 언급한 내용을 또다시 반복한다네. "한참 그런 생각을 하면 성령님이 마음속에서 풍성하고 깨달음으로 안내하는 생각을 빌어서 교훈하기 시작하면 이렇게 글로 기록한 기도문을 내려놓아야 그분이 영광을 받으십니다. 당신보다 기도에 뛰어나신 그분께 조용히 귀를 기울여야 합니다." 성령님의 말씀을 잘 기억하고 기록해 두어야 한다네. 그러면 다윗 왕이 말했듯이 하나님의 법 안에서 놀라운 일들을 목격하게 될 걸세. "내 눈을 열어서 주의 율법에서 놀라운 것을 보게 하소서"(시 119:18).

셋째 계명. "안식일을 기억하여 거룩하게 지켜라."

첫째, 나는 이 계명으로부터 무엇보다 안식일은 게으름이나 세상의 즐거움을 탐닉하도록 제정된 게 아니라는 사실을 깨달았네. 우리는 안식일을 거룩하게 지켜야 한다네. 그런데 그날은 우리의 일이나 행위로 성별되지 않는다네. 우리가 처리하는 일들은 거룩하지 않다네. 전적으로 정결하고 거룩한 하나님의 말씀으로 가능할 뿐이라네. 그 말씀은 접촉하는 모든 것을 거룩하게 만든다네. 그것은 시간, 장소, 사람, 노동, 휴식 등을 가리지 않는다네.

모든 피조물이 하나님의 말씀과 기도로 거룩해진다고 말한 사도 바울에 따르면 우리의 노력은 말씀을 통해 거룩해지는 걸세. "하나님께서 지으신 모든 것이 선하매 감사함으로 받으면 버릴 것이 없나니 하나님의 말씀과 기도로 거룩하여짐이라"(딤전 4:4-5). 그러므로 나는 안식일에 무엇보다 하나님의 말씀을 듣고 묵상해야 한다고 생각한다네. 그런 뒤에 입을 열어서 하나님께 감사하고, 허락하신 모든 자비하심을 찬양하며, 나 자신과 다른 사람들을 위해서 기도해야 한다네. 안식일에 그렇게 행동하면 안식일을 거룩하게 지키는 것일세. 그렇게 하지 못한다면 안식일에 일하는 사람보다 더 나쁜 행동을 하는 거라네.

둘째, 나는 이 계명을 통해 하나님이 우리를 교훈하시면서 위대하고 아름다운 선하심과 은총을 허락하신 사실에 감사한다네. 하나님은 특히 안식일에 그 교훈을 활용하도록 가르쳐주셨다네. 인간이 마음으로 묵상하더라도 그런 보물이 닳아서 없어질 수 없기 때문일세. 하나님의 말씀은 이 어두운 세상의 유일한 빛, 생명의 말씀, 위로, 놀라운 축복이 된다네. 이 소중한 구원의 말씀이 사라지면 우리가 매일 두 눈으로 확인하듯이 두렵고 무서운 암흑, 잘못과 분열, 죽음과 온갖 재앙, 사탄의 횡포만이 존재할 따름이라네.

셋째, 나는 내가 엄청난 죄를 짓고 전혀 감사할 줄 몰랐다는 사실을 고백하고 인정한다네. 평생 안식을 터무니없이 활용했고, 덕분에 하나님의 소중하고 사랑스러운 말씀을 그릇된 방식으로 경멸했다네. 나는 너무 게으르고, 활기를 잃어버리고, 나태해서 귀를 기울이지 않았으며, 진심으로 관심을 갖거나 감사하지 않았다네. 나는 사랑스러운 하나님이 내게 주신 말씀을 무의미하게 만들고, 귀한 보화를 외면하고 짓밟아버렸다네. 하나님은 이것을 크고 거룩한 자비로 인내하시면서 아버지의 거룩한 사랑을 계속해서 베푸시고, 성실하게 교훈하시고, 영혼의 구원을 기억하게 하셨다네. 그 때문에 나는 회개하고 은총과 용서를 간구한다네.

넷째, 나는 나 자신과 온 세상이 자비로운 아버지께서 거룩한 말씀을 우리 안에 보존하게 하시고, 죄악이나 감사를 모르는 마음, 그리고 게으름 때문에 그것을 거두어 가시지 않기를 기도한다네. "우리를 다툼의 영들과 거짓 교사들로부터 보존하시고, 추수를 위해서 충성스럽고 정직한 일꾼들(마 9:38), 곧 경건한 목회자와 설교자들을 보내주소서. 그들의 말을 주님의 말씀으로 듣고 받아들이며 존중하면서 진심으로 감사하고 찬양할 수 있게 허락하소서. 아멘."

넷째 계명. "네 부모를 공경하라."

첫째, 나는 창조자이신 하나님이 얼마나 놀랍게 내 몸과 영혼을 창조하셨는지, 그리고 부모님을 통해 어떻게 생명을 주셨고, 그분들에게 육신의 열매인 나를 최선을 다해 돌보고 싶은 마음을 불어넣으셨는지 깨우치고 있다네. 하나님은 나를 이 세상에 보내시고, 나를 기르시고 돌보시며, 상당히 부지런히 조심스럽게, 그리고 관심을 갖고 양육하고 교육하셔서 위험과 어려움 등을 감당하게 하셨다네. 지금도 하나님은 자신의 피조물인 나를 보호하시고, 헤아릴 수 없는 고난 등을 이겨내도록 도우신다네. 언제나 나를 새롭게 창조하시듯 말일세. 하지만 사탄은 호시탐탐 우리를 노리며 인생의 어느 순간에도 우리를 마음대로 내버려 두지 않는다네.

둘째, 나 자신과 온 세상을 대신해서 인류, 곧 가정과 국가의 번성과 보존을 계명에 포함시키고 보증하신 하나님께 감사한다네. 이런 두 개의 제도나 정부가 없었다면 세상은 단 한 해도 지속될 수 없을 걸세. 정부 없이 평화는 있을 수 없고, 평화가 없는 곳에 가족이 존재할 수 없기 때문이라네. 가정이 없으면 자녀를 낳고 기르는 게 불가능하고, 아버지와 어머니의 역할 역시 사라지게 될 것일세. 가정과 국가를 한꺼번에 보호하고 보존하며, 자녀와 아랫사람들에게 순종하도록 훈계하고, 그것을 역시 강제로 부과하고, 그리고 계명을 어기지 않으면 처벌하지 않는 게 이 계명의 목적이라네. 즉 처벌은 자녀가 전에 오랫동안 순종하지 않고, 아랫사람들이 나라를 어지럽혀서 부모와 통치자들이 감당할 수 없을 때만 가능하다는 뜻일세. 그래서 이 계명은 말로 설명할 수 없을 정도로 유익하다네.

셋째, 나는 정말로 불순종하고 죄를 지은 것을 고백하고 후회한다네. 하나님의 계명을 거역하면서 부모님을 존경하거나 순종하지 않았다네. 부모님의 마음을 상하게 하거나 화를 돋우고, 훈육을 참지 못하고, 애정어린 교훈 때문에 화를 내고 조롱하고, 바르지 못한 교제를 하거나 악한 친구들과 어울렸다네. 하나님은 그렇게 불순종하는 자녀들을 직접 정죄하시고 오랫동안 멀리하신다네. 그런 자녀들은 대부분 어른이 되기도 전에 쓰러지고 멸망한다네. 아버지와 어머니에게 순종하지 않는 사람은 생명을 잃어버리거나, 아니면 하나님의 분노를 사서 좋지 않은 결말을 맞이하게 된다네. 이 모든 것에 대해 나는 회개하고 은총과 용서를 간구한다네.

넷째, 나 자신과 온 세상을 위해 하나님이 가정과 국가에 은총을 허락하시고 풍성한 축복을 부어주시기를 기도한다네. "이 순간 이후로 부모님께 성실하고, 존경하고, 윗사람들에게 순종하며, 사탄이 불순종하고 반항하도록 유혹해도 물리치게 하시고, 직접 가정과 국가의 발전을 돕고 평화를 유지할 수 있도록 허락하소서. 그래서 하나님께 찬양과 영광을 돌리는 모든 것이 우리에게 유익하고, 모두가 번성하게 하소서. 우리가 이것들을 하나님의 선물로 인정하고 감사할 수 있게 하소서."

여기서 우리는 하나님이 부모님과 윗사람에게 우리를 평화롭고 행복하게 다스리고 이끌 수 있는 지혜를 허락해달라는 기도를 덧붙여야 한다네. "사랑의 하나님! 부모님이 잘못되거나 혹은 격노할 일에서 보호하시고, 하나님의 말씀을 존중하고 억누르지 아니하며, 누구도 박해하지 않고 불의를 행하지 않게 하소서. 바울이 교훈하듯이 그런 좋은 선물들을 기도로 추구하게 하소서. 아멘." 그렇지 않으면 사탄이 궁전을 지배하고, 모든 것이 혼돈과 혼란에 빠져들게 될 것일세.

이 순간 아버지와 어머니는 자녀를 기억하고 가정을 위한 일꾼이 되어야 한다네. 사랑하는 하나님 아버지께 진지하게 기도해야 한다네. 하나님은 자신의 이름으로 영광스러운 직분을 감당하게 하시고 '아버지'라는 이름 덕분에 존경을 받게 하신다네. 하나님이 거룩한 말씀으로 아내, 자녀, 그리고 가족들을 보살피고 축복해주시기를 간절히 기도해야 한다네. 그들을 진심으로 잘 훈련하고, 그들이 하나님의 말씀에 순종하도록 은혜를 베풀어주시기를 간절히 기도해야 한다네. 그렇지 않으면 가정은 돼지우리나 거칠고 믿음을 찾아볼 수 없는 폭력배의 온상으로 전락하고 말 것일세.

　다섯째 계명. "살인하지 말라."
　여기서 나는 무엇보다 하나님이 이웃을 사랑하기를 바라시고, 말이나 행동으로 신체적인 해를 입히지 않고, 화를 내거나 속상하다거나 미워해서, 혹은 다른 어떤 악한 이유로 상처를 주고 보복하기보다는 살아가는 데 필요한 것을 지원하고 상담해 주어야 한다는 사실들을 배우게 된다네.
　첫째, 나는 이 계명을 통해 하나님은 이웃의 몸을 보호하라 명령하시고, 거꾸로 이웃에게는 나를 보호하도록 지시하셨다는 사실을 발견하게 된다네. 외경에 나오는 시락 역시 이렇게 말했다네. "될 수 있는 대로 이웃과 잘 어울리고 현명한 사람들과 의견을 나눠라"(집회서 9:14).
　둘째, 나는 내게 주어진 형언할 수 없는 사랑, 섭리, 성실하심에 감사한다네. 하나님은 이렇게 강력한 방패와 담이 되셔서 우리의 육체를 안전하게 지켜주신다네. 내 필요를 채우고 보호하는 데 모든 것이 활용되었으니 이제 나는 이웃들에게 동일하게 베풀어야 한다네. 하나님께서 이 계명을 강조하시기 때문에 그대로 지켜지지 않은 곳에서는 순종하지 않는 이들을 상대로 심판의 칼을 잡으신다네. 이렇게 훌륭한 계명과 지시가 주어지지 않았더라면 사탄은 사람들 사이에 그 누구도 단 한 시간도 견딜 수 없는 대학살을 유도했을 것일세. 하나님 역시 불순종하고 감사를 모르는 세상 때문에 분노하시고 심판을 내리셨을 것일세.

셋째, 나는 나 자신과 세상의 사악함을 고백하고 후회한다네. 우리는 아버지와 같은 사랑과 걱정에 전혀 감사하지 않을뿐더러 이 계명과 교훈을 인정하지 않고, 배우려고 하지도 않고, 우리와 무관하거나 전혀 관련되지 않은 것처럼 무시하는 경향이 있다네. 정말 부끄러운 일이지. 우리는 무관심하게 걸어가면서 이 계명을 무시하여 이웃을 외면하고, 포기하고, 박해하고, 상처를 입히고, 심지어는 머릿속으로 죽여버릴 생각까지도 한다네. 화를 내고, 격노하면서 마치 우리가 고상하게 훌륭한 일을 하는 것처럼 나쁜 짓을 저지른다네. 정말 이제는 우리가 얼마나 맹목적이고, 제멋대로이고, 무정한 사람처럼 행동했는지 돌아보고 후회할 때인 것 같네. 그들은 성난 짐승들처럼 서로 걷어차고, 할퀴고, 쥐어뜯고, 삼키면서 거룩한 이 계명에 전혀 관심을 두고 있지 않다네.

넷째, 나는 사랑스러운 아버지께 거룩한 이 계명을 이해하고 그대로 지키면서 그것에 따라 살아가게 해달라고 기도한다네. "사랑의 하나님! 온갖 살인과 폭력에 능한 살인자로부터 우리를 보존하소서. 우리와 나머지 모든 사람이 서로를 부드럽고, 친절하고, 동정하는 방식으로 대하면서 서로를 진심으로 용서하고, 그리스도인이며 형제와 같은 모습으로 각자의 단점과 잘못을 감당하면서 계명이 교훈하고 요구하듯이 진정한 평안과 화합을 함께 누릴 수 있는 은총을 허락해주소서. 아멘."

여섯째 계명. "간음하지 말라."

첫째, 나는 여기서 하나님의 의도와 기대가 무엇인지 한 번 더 배우게 된다네. 하나님은 생각과 말과 행동에 있어서 순결하고, 단정하고, 절제하면서 그 어떤 남자의 아내, 딸, 혹은 가족들을 더럽히지 않기를 바라신다네. 이것 이상으로 나는 최선을 다해 결혼생활과 예절을 지키고, 구하고, 보호해야 한다네. 자신의 명성을 파괴하고 훼손하고 싶어 하는 이들의 한심한 생각을 바로잡아야 한다네. 이 모든 일을 당연히 수행해야 하는 것은 물론이고, 하나님은 내 이웃의 아내와 가족을 건드리는 것을 바라지 않으시기 때문에 나는 이웃을 상대로 하나님의 선하신 성품과 명예를 보존하고 보호해야 할 의무가 있는 것일세. 이것은 이웃들이 나, 그리고 나와 관련된 이들을 상대로 이 계명을 지켜주기를 바라는 것과 다르지 않다네.

둘째, 나는 성실하고 사랑스러운 아버지께서 베풀어주신 은총과 자비에 감사한다네. 하나님은 남편, 부인, 아들, 딸, 가족들을 돌보고 보호하시며, 악한 소문을 퍼뜨리는 것은 무엇이든지 아주 엄격하고 확고하게 금하신다네. 하나님은 이 계명을 보호하고 지지하시며, 어기면 반드시 심판하신다네. 누군가 그 계명과 교훈을 무시하고 어기면 그분이 직접 나서신다네. 누구도 하나님을 피할 수 없게 되는 것이지. 그분은 죗값을 치르게 하거나, 아니면 결국 지옥 불 속에서 정욕에 대해 속죄하게 만드신다네. 하나님은 순결을 바라시고 간음을 용납하지 않으시며, 회개를 모르고 방탕한 사람이 하나님의 분노를 사서 불행하게 멸망하는 것을 하루도 거르지 않고 목격하신다네. 그렇지 않으면 사탄의 더러운 짓에 맞서서 아내와 자녀와 가족들을 단 한 시간이라도 보호하거나 명예와 품위를 지켜주는 게 불가능하다네. 그러면 고삐 풀린 짐승과 다를 바 없는 부도덕한 행동이 뒤따른다네. 분노하신 하나님이 손을 떼시고 모든 것이 멸망하고 파괴되도록 내버려 둘 때와 다르지 않은 것일세.

셋째, 나는 나와 세상 모두가 저지른 죄와 내가 평생 생각과 말과 행동으로 이 계명을 어겼다는 사실을 고백하고 인정한다네. 이 놀라운 교훈과 선물에 감사하지 않았을 뿐 아니라 순결함과 단정함에 대한 하나님의 요구를 불평하고 거역했었네. 하나님은 어떤 유형의 간음이나 그릇된 행동을 그냥 넘기거나 심판하시지 않는 경우가 단 한 번도 없다네. 그분은 결혼을 경멸하고 우스갯거리로 만들거나 비난하는 것을 용납하지 않으신다네. 이 계명을 어기는 범죄는 그 무엇보다 아주 두드러져서 가리거나 꾸밀 수 없다네. 이것은 정말 안타까운 일이라네.

넷째, 나는 하나님이 우리에게 이 계명을 즐겁고 기쁘게 지킬 수 있는 은총을 허락하셔서 우리가 스스로 순결한 삶을 살고, 다른 사람들 역시 같은 행동을 하도록 돕고 지원할 수 있도록 나 자신과 세상 모두를 위해 기도한다네. 계속해서 나는 다른 계명에 대해서도 시간이나 기회나 분위기를 그대로 유지한다네. 앞에서 거론했듯이 누구도 내 말이나 생각에 속박되는 것 같은 기분이 들지 않기를 바란다네. 계명을 지키고 싶어 하는 이들에게 그저 한 가지 사례를 제시하고 싶을 뿐이라네. 누구든지 그렇게 할 수 있음을 증명하게 하고, 모든 계명을 한꺼번에, 혹은 본인이 바라는 만큼 묵상하게 하는 것이지. 마음은 그 특성상 일단 한 가지 문제에 집중하면 열 시간 동안 혀로 암송하거나 열흘간 글로 쓰는 것보다 한순간에 더 많은 것을 생각할 수 있는데, 그것은 좋을 수도 있고 나쁠 수도 있다네. 마음과 영혼에는 빠르고, 미묘하고, 강력한 게 존재한다네. 진심으로 바라게 되면 열 가지 계명을 네 가지 관점에서 아주 신속하게 검토하는 것도 가능할 걸세.

일곱째 계명. "도둑질하지 말라."
첫째, 여기서 나는 내 이웃의 재산을 가로채거나 이웃의 뜻과 달리 은밀하게, 혹은 공개적으로 소유해서는 안 된다는 것을 배우게 된다네. 사업, 봉사, 혹은 노동을 하면서 거짓을 말하거나 정직하지 않거나, 부정하게 이익을 추구해서는 안 된다네. 땀 흘려서 생계를 꾸리고 명예롭게 빵을 먹어야 하지. 아울러 앞서 이름을 거론한 어떤 방법으로도 이웃을 속여 빼앗을 수 없다는 사실을 인정해야 한다네. 나 역시 바라지 않는 일이기 때문이지.
나는 이 계명을 통해 하나님은 아버지처럼 염려하는 마음으로 내 소유를 보호하는 울타리를 설치하시고, 누구도 훔쳐 가지 못하게 막아주신다는 사실 역시 알게 되었다네. 계명을 무시하면 벌을 내리시고, 교수대와 사형집행인의 밧줄을 피하지 못하게 하시지. 그것이 불가능할 때는 하나님이 직접 처벌하시기 때문에 결국에는 빈털터리가 되고 말 걸세. 격언에도 이런 말이 있지 않은가? "어려서 도둑질하는 자는 늙어서 비렁뱅이가 된다." "훔쳐서 얻은 것은 쉽게 사라진다."

둘째, 덧붙여 나와 세상 모두에게 그렇게 탁월한 교훈과 확신과 보호를 허락하시는 하나님의 변함없는 선하심에 감사한다네. 하나님의 보호하심이 없었다면 집안에 동전 한 닢, 빵 한 조각도 남아 있지 않았을 걸세.

셋째, 내가 살아오면서 잘못하고, 빼앗고, 속이면서 저지른 죄악과 어리석음을 고백한다네.

넷째, 하나님이 나와 온 세상에 이 계명을 통해서 배우고, 심사숙고하여 더 괜찮은 사람이 되도록 허락해주시기를 간구한다네. 그래서 도둑질을 하거나 강탈하지 않고, 높은 이자를 챙기지 않고, 속이거나 불의를 행하지 않고, 모든 성도와 피조물이 기도하는 심판의 날(롬 8:20-23)이 속히 임해서 이런 죄악이 그치게 되길 기도한다네.

여덟째 계명. "네 이웃에 대하여 거짓 증거하지 말라."

첫째, 이 계명은 무엇보다 서로에게 성실하고, 거짓과 험담을 피하고, 상대방에 대해서 좋은 말을 하고, 다른 사람들을 칭찬하는 말을 듣는 것을 즐기라는 교훈이라네. 그러면 악의적인 소문과 근거 없는 혀로부터 선한 명성과 거룩한 삶을 보호할 수 있는 담이 세워지지. 하나님은 다른 계명들과 마찬가지로 심판하지 않고 넘어가지 않으실 걸세. 둘째, 여기서 나는 하나님이 은혜롭게 우리에게 교훈과 보호를 한꺼번에 허락하신 사실에 감사하지 않을 수 없다네.

셋째, 우리는 감사를 모르고 살아온 것과 죄를 저지른 것, 그리고 잘못되고 악한 말로 이웃을 헐뜯은 것을 고백하고 용서를 간구해야 한다네. 우리는 자신에게 바라듯이 그분과 동일하게 명예와 거룩한 삶을 살아야 했지만 그러지 못했다네. 넷째, 우리는 지금부터 계명과 치유하는 혀를 지킬 수 있도록 도움을 간구해야 한다네.

아홉째, 그리고 열 번째 계명. "네 이웃의 집을 탐내지 말라."

그리고 여기에는 "네 이웃의 아내…"까지 포함된다네.

첫째, 이 계명은 무엇보다 법적으로 주장되는 우리 이웃의 소유를 빼앗거나, 아니면 이웃의 재산을 꾀어서 가로채거나 빼돌리거나 강탈하면 안 된다는 교훈일세. 우리가 자신을 위해 기대하듯 이웃을 위해서도 그들의 소유를 유지하게 도와주어야 한다네. 그것은 결국에 가서 심판받게 될 악한 사기꾼의 교활함과 속임수까지도 막아준다네. 둘째, 우리는 하나님께 감사해야 한다네. 셋째, 우리는 회개하고 슬퍼하면서 자신의 죄를 고백해야 한다네. 넷째, 우리는 이와 같은 거룩한 계명들을 헌신적으로 지키기 위해 도움과 능력을 간구해야 한다네.

이상의 내용은 십계명을 네 가지 차원, 즉 배움의 책, 찬양의 책, 참회의 책, 그리고 기도의 책처럼 살펴본 것이라네. 십계명은 정신을 차리고 기도에 대한 열정이 성장하도록 돕기 위해 만들어졌다네. 하지만 이 모든 것을 그대로 지키겠다고 보증하지 않도록, 그리고 영적으로 지치지 않도록 조심해야 한다네. 마찬가지로 좋은 기도는 길게 오래 하지 않고 뜨겁게 자주 하는 것이라네. 마음의 불을 붙이는 데는 그리 오랜 시간이 걸리지 않는 법이지. 성령님은 하나님의 말씀을 통해 우리의 마음이 깨끗해지고, 쓸데없는 생각과 관심이 사라지는 순간에 이것을 우리에게 허락하시고 계속해서 교훈하실 걸세.

시간이 조금 더 있거나 마음이 이끌리면 사도신경을 같은 방식으로 살펴보고, 그것을 네 가지 가닥으로 삼아서 화관을 만들 수 있다네. 하지만 사도신경은 거룩하신 삼위일체에 상응해서 세 가지 주요 부분이나 주제로 구성되어 있고, 교리문답서나 다른 곳에서도 역시 그렇게 구분되어 있다네.

첫째 주제, 창조

"전능하사 천지를 만드신 하나님 아버지를 내가 믿사오며." 무엇보다 자네가 이 부분에서 세상의 온갖 언어와 무수한 책들로도 설명하거나 표현할 수 없는 것, 즉 자네가 누구이고, 자네가 어디에서 왔고, 어디에서 하늘과 땅으로 왔는지에 관해 몇 마디 교훈을 용납한다면 놀라운 빛이 여기서 자네의 마음을 비추게 될 것일세. 자네는 하나님의 피조물이고 손수 만드신 작품이라네. 달리 말하자면 자네 스스로나 자네 자체는 아무것도 아니고, 아무것도 할 수 없고, 아무것도 알지 못하고, 아무것도 해낼 수 있는 능력이 없다는 말일세.

자네는 천 년 전에는 어떤 존재였을까? 6천 년 전에 하늘과 땅은 어떤 상태였을까? 아무것도 아니었다네. 창조되지 않은 것은 아무런 존재도 아니라네. 그렇지만 자네의 모습, 지식, 행동, 그리고 업적은 입으로 직접 (신앙고백을) 고백하듯 하나님이 창조하신 것이라네. 그러므로 하나님 앞에서 자랑할 게 전혀 없는 것이지. 자네는 아무것도 아니고, 하나님은 언제든지 멸망시킬 수 있는 창조자라는 것 말고는 자랑할 게 없다네.

이성으로는 그런 빛을 깨닫지 못한다네. 여러 위대한 인물이 하늘과 땅, 인간과 피조물이 무엇인지 파악하려고 노력했지만, 답을 발견하지 못했다네. 하지만 사도신경에는 설명되어 있고, 하나님이 무로부터 만물을 창조하셨다는 사실을 신앙이 확증하고 있다네. 영혼을 위한 즐거움의 동산이 여기에 존재하는 것이지. 그 길을 따라 우리는 하나님의 솜씨를 즐기는 것일세. 하지만 그 모든 것을 설명하기에는 너무나 많은 시간이 필요하다네.

아울러 하나님이 자비하심으로 우리를 아무것도 없는 상태에서 창조하시고, 아무것도 없는 상태에서 매일의 필요를 제공하시니 감사할 수밖에 없다네. 그분은 우리를 몸과 영혼과 지능과 오감을 소유한 아주 탁월한 존재로 만드셨고, 땅과 물고기와 새와 짐승의 주인으로 결정하셨다네. 여기서 우리는 창세기 1장부터 3장까지의 말씀을 주의 깊게 다시 살펴보아야 한다네.

우리는 이것을 진심으로 받아들이거나 믿거나, 혹은 깊이 생각하거나 인정하지 못했고, 사고할 줄 모르는 짐승보다 더 어리석게 믿음과 감사하는 마음을 갖지 못했음을 고백해야 한다네. 그리고 우리는 사도신경의 이 부분이 소개하듯 하나님께서 우리의 창조주가 되신다는 사실을 진심으로 자랑하고 신뢰하는, 진솔하고 확신하는 신앙을 가질 수 있게 해달라고 기도해야 한다네.

둘째 주제, 구속

"그 외아들 우리 주 예수 그리스도를 믿사오니." 또다시 커다란 빛이 비쳐서 하나님의 아들이신 예수님이 우리를 어떻게 죽음에서 구속하셨는지 교훈한다네. 창조 이후에 아담이 타락하는 바람에 죽음은 우리의 운명이 되었고, 그래서 영원히 멸망할 수밖에 없게 되었지. 그러나 이제는 이렇게 생각해야 한다네. 즉 사도신경의 첫 번째 부분에서 자네 자신을 하나님의 피조물 가운데 하나로 간주하고 의심하지 않았듯이, 자신을 구속받은 사람 가운데 하나로 인정하고 전혀 의심해서는 안 된다네.

가령 다른 무엇보다 한 개의 단어, 즉 예수 그리스도, 우리 주님을 강조해야 한다네. 우리 때문에 고통을 겪으셨고, 우리 때문에 죽으셨고, 우리 때문에 살아나셨다네. 이 모두가 우리를 위한 것이고, 우리와 관계가 있는 것이라네. 이 우리 안에는 하나님의 말씀이 선언하듯 자네도 역시 포함된다네.

그러므로 자네는 그런 은혜에 진심으로 감사하고 구원을 즐거워해야 한다네. 그리고 그런 선물을 터무니없이 불신하고 신뢰하지 않은 것을 슬퍼하고 후회하고 고백해야 한다네. 거듭해서 저지른 우상숭배가 떠오를 것일세. 성인들에게 얼마나 기도를 바쳤고, 구원과 상반된 무익한 선행을 수행하려고 얼마나 기도했는지 말일세. 이제는 하나님이 자네를 지금부터 세상이 끝나는 날까지 그리스도 안에서 진실하고 순수한 믿음으로 보존하시기를 기도해야 한다네.

셋째 주제, 성화

"성령을 믿사오며." 이것은 우리에게 창조자와 구속자를 이 세상 어디에서 발견하고 확실하게 만날 수 있는지, 그리고 이 모든 것이 마침내 무엇을 가져다주는지 가르쳐줄 수 있는 세 번째 커다란 빛이라네. 이것에 관해서는 소개할 게 많지만 요약하면 이렇다네. 거룩한 그리스도의 교회가 존재하는 곳에서 매일 죄를 용서하심으로써 우리를 거룩하게 만드시는 창조주 하나님, 구속자 하나님, 성령 하나님을 만날 수 있다네. 이런 신앙에 관한 하나님의 말씀이 바르게 전해지고 고백되는 곳에 하나님의 말씀이 존재한다네.

게다가 여기에서 성령님이 매일 교회에서 하시는 모든 일을 오랫동안 깊이 생각할 기회를 갖게 되는 것이지. 그러므로 자네가 교회로부터 부름을 받았고 찾아오게 된 것에 감사해야 한다네. 이 모든 것을 외면하면서 믿음과 감사하는 마음을 갖지 못한 것을 고백하고 슬퍼하며, 죽음으로부터의 부활을 넘어서서 영원한 삶을 누리고 지속되는 곳에 다다를 때까지 우리는 모두 진실하고 흔들림 없는 믿음을 유지하도록 기도해야 한다네. 아멘.

기도할 때 지금껏 내가 거론한 내용을 그대로 반복하는 게 바람직하지 않다는 사실도 함께 기억해 두어야 하네. 그렇게 하면 한가하게 수다를 떨고 무익한 말을 내뱉는 것이나, 평신도와 목회자가 기도책의 문장을 그대로 읽어대는 것과 다르지 않다네. 그보다는 자네가 주님의 기도를 제대로 이해하도록 안내하고 싶었네. 그렇게 해서 마음이 뜨거워져 기도하고자 하는 열정을 갖게 된다면 여러 가지 방법을 활용하거나 말을 많고 적게 하는 식으로 그런 생각들을 표현할 수도 있을 것일세. 나는 표현에 얽매이는 게 내키지 않아서 기분과 감정에 따라 날마다 기도를 달리한다네. 하지만 있는 힘을 다해 생각과 의도를 일정하게 유지할 수 있도록 노력하는 것도 중요한 것이라네.

어쩌다가 한 가지 간구와 관련된 갖가지 생각에 휩쓸리다 보면 다른 간구를 무시할 수도 있다네. 괜찮은 생각들이 쏟아지면 나머지 간구들을 미루어둔 채 그런 생각에 필요한 여유를 갖고, 침묵하면서 귀를 기울이되 무슨 일이 있더라도 가로막아서는 안 된다네. 이 순간에 성령님이 교훈을 주시기 때문이지. 그분의 한마디 가르침은 우리가 수천 번을 기도하는 것보다 훨씬 더 낫다네. 그리고 많이 읽고 깊이 생각해서 깨우치는 것보다 한 번의 기도로 더 많은 것을 깨달을 때가 더 잦다네.

간절히 기도할 준비를 하는 게 무엇보다도 중요하다네. 외경인 집회서에서도 이렇게 말하고 있지 않은가! "치성을 드리기 전에 스스로 준비를 갖추어라. 주님을 떠보는 자와 같은 행동을 하지 말아라"(집회서 18:23). 쓸데없는 말을 하고 이런저런 생각을 하는 것보다 하나님을 시험하는 게 또 있겠는가? 그것은 이렇게 기도하는 신부와 다르지 않다네. "하나님이여, 속히 나를 건지소서. 일꾼아, 말은 풀어놓았느냐? 여호와여, 속히 나를 도우소서. 하녀야, 나가서 우유를 짜 오거라. 성부와 성자와 성령께 영광이 있으라. 아이야, 눈썹이 휘날리도록 급히 서둘러라!"

교황을 따르던 시절에 많은 사람이 그렇게 기도하는 것을 들었을 걸세. 그들의 기도는 대개 그런 식이었다네. 이것은 하나님을 모독하는 일이라네. 올바로 기도할 수 없거나 집중할 수 없다면 놀이를 하는 편이 훨씬 더 나을 걸세. 안타깝게도 나 역시 대부분 그렇게 기도시간을 보냈고, 기도를 시작한 것인지 아니면 진행 중인지 깨달

기도 전에 찬양이나 정해진 시간을 끝마쳤던 시절이 있었다네.

위에서 언급한 신부처럼 모든 사람이 일거리와 기도를 뒤섞지는 않지만, 속으로는 그렇게 생각한다네. 그들은 이런저런 생각을 하다 보니 기도를 끝마치고 나서도 자신이 무슨 행동을 했고 무엇을 말했는지 알지 못한다네. 찬양으로 시작하다가도 곧장 바보의 낙원을 향해 달려가는 것이지. 내가 보기에 차갑고 혼란스러운 마음으로 기도하는 순간 무슨 일이 벌어지고 있는지 의식하지 못하는 사람은 그보다 터무니없는 말장난이 있을 수 없다는 사실을 제대로 파악하지 못하는 것과 같은 것일세. 하지만 자신이 하는 말을 기억하지 못하는 사람은 기도 역시 제대로 할 수 없다는 게 이제 분명해졌으니 하나님을 찬양해야 한다네. 기도를 시작할 때부터 마치는 순간까지 그 내용과 생각을 남김없이 기억하는 게 좋은 기도일세.

마찬가지로 솜씨 좋고 몰입하는 이발사는 생각과 관심과 시선을 면도칼과 머리카락에 고정한 채 면도와 이발이 얼마나 진행되었는지 계속 주시한다네. 만일 그가 대화에 너무 자주 끼어들거나 마음이 심란하거나 다른 곳을 바라본다면 손님의 입이나 귀, 또는 목에 상처를 입힐 수도 있지 않은가? 그러니 무슨 일이든지 제대로 처리하려면 무엇 하나 놓치지 말고 제대로 주의를 집중해야 한다네. 옛 속담의 교훈 역시 다르지 않다네. "잡다하게 생각하는 것은 전혀 생각하지 않는 것이라서 도움이 되지 않는다." 좋은 기도가 되기 위해서는 한 가지에 집중하는 마음이 얼마나 필요한지 알 수 있을 걸세!

이것이 바로 내가 기도할 때마다 주님의 기도와 주기도문, 사도신경을 사용하는 방식이라네. 오늘까지 나는 주님의 기도를 마치 아기가 젖을 찾듯이 찾았고, 어른처럼 먹고 마셨지만 질려본 적이 한번도 없었다네. 정말 뛰어난 기도이고 시편보다 훌륭하다네. 나는 그 기도를 아주 소중하게 생각한다네. 살아계신 주님이 직접 가르쳐 주신 게 분명하기 때문일세. 대단한 주님의 기도가 우리 믿는 사람들에게 제대로 대접을 받지 못하니 정말로 안타까울 따름일세!

한 해 동안 주님의 기도를 수천 번씩 하는 사람들이 얼마나 많은지 알 수 없다네. 하지만 그들이 그렇게 천 년을 반복한다 해도 그 기도의 진정한 가치를 일점일획도 맛보지 못했거나 기도하지 않은 것일 수도 있다네! 한마디로 말하자면 주님의 기도는 지상에서 최고의 순교자라네(하나님의 이름과 그것을 표현하는 단어처럼 말일세). 누구든지 주님의 기도를 제대로 사용해서 기도한다면 위안과 기쁨이 삶 속에서 넘쳐날 것일세. 자네에게 그 은혜가 충만히 임하기를 기도드리네. ■